住まい方アドバイザーとは、
家事全般の「知識」を持って、各家庭に合った住空間（家の中）で、
より「快適に暮らす」ための具体的なアドバイスをします。
住まい方アドバイザーによる収納スペースや間取りの提案は、
さまざまな企業で採用され商品開発されています。

1　収納ケース提案

プラスチックの引出ケース（フィッツケース）はもともと、一般的な収納スペースや生活用品の大きさをよく研究された、ロングセラーの優れた引出ケースです。それをさらにグレードアップする提案をしたのがフィッツユニット。使う人の身になって、より高い耐久性や使用時の使いごこちのよさを実現したユニット設計になっています。2005年発表。

| 共同開発:天馬株式会社 |

2 カラーボックス提案

1990年代は、今ほどいろいろな収納用品や道具がなかったため、当時ホームセンターなどで売られていたカラーボックスをよく利用していました。

カラーボックスでいろいろな物をつくるときは、置く場所も考えます。空間構成を考え、動線を考え、見た目も考える。「空間」「時間」「人間」という、住まい方アドバイザー独自の空間のとらえ方である「3つの間」を考えるきっかけとなったのが、カラーボックスでした。

また、収めたい物のサイズに合わせてカラーボックスのサイズを変えたり工夫をしていく作業の中で、「物と収納場所のサイズ」を強く意識するようになりました。

クローゼット、食器棚、本棚、テレビ台、キッチンカウンターなど、これまでカラーボックスを使って、数えきれないほど、さまざまな収納家具をつくってきました。この経験が、住まい方アドバイザーとして大切なベースの1つとなっています。2002年発表。

| 写真:KADOKAWA |

3 クローゼット提案

「クローゼットには必ず枕棚が付いている」という先入観に疑問を持ち、それを解消するために「枕棚」を外しました。真ん中に柱を入れることで、左右の使い分けや上下2段使いができ、工夫次第で、洋服をかけるパイプの長さを通常のクローゼットの倍以上に増やせます。さらに、奥の空間利用や、側面に棚板を設置して小物置き場にしたり、また、暮らしに合わせて可動可変できるなど、空間を「使い切る」「使いこなす」「使い続ける」ことのできるオリジナル収納システムを提案しました。2004年発表。

| 共同開発:大和ハウス工業株式会社 |

4 店舗設計の提案

JR品川駅にあるエキュート品川サウスの「KIOSK（キオスク）」の店舗リニューアルにあたり、企画段階からアドバイザーとして参加しました。キオスクという場所は、狭い空間の中で雑誌、生活用品などの多品種な商品をスムーズに管理し、しかも、店員とお客様とのコミュニケーションも求められています。まさに、「空間」「時間」「人間」の「3つの間」の知識が必要とされました。2011年発表。
｜写真:株式会社JR東日本リテールネット｜

暮らしを整える

住まい方ハンドブック

１ 片づけ・収納編

住まい方アドバイザー公式テキスト

住まい方アドバイザー
近藤 典子

1 住まいと片づけの基本は「3つの間（ま）」

1.「3つの間」とは？ ･･････ 6
- 暮らしのストレスの原因となる「3つの間」 ･･････ 6
- ここちいい「3つの間」の特長を知る ･･････ 7
- 「適所・適材・適量」の空間提案 ･･････ 8

2. 住まい方アドバイザーと4つのR ･･････ 16
- 3つのR ･･････ 16
- 4つめのRは住まい方アドバイザーにとってのR ･･････ 17

2 片づけについて

1.「片づけ」とは？ ･･････ 18
2. 家の中の物について ･･････ 19
3. 片づかない原因 ･･････ 20
- 「物に対する意識」に問題がある ･･････ 20
- 「管理方法に対する知識」に問題がある ･･････ 21

4. 片づけの手順と考え方 ･･････ 22
- 片づけによる効果 ･･････ 22

5. 整理（分ける作業＝分かる作業）とは？ ･･････ 23
- 整理作業 ･･････ 24
- 死蔵品化されやすい物　6項目 ･･････ 27
- 収納スペースのあり方を明確にする ･･････ 28

6. 収納とは？ ･･････ 29
- 物の指定席の決め方の基本 ･･････ 29
- 分散収納と集中収納 ･･････ 30
- 4つの収納条件 ･･････ 30
- 代表的な収納方法 ･･････ 31
- 見せる収納・隠す収納 ･･････ 32
- 出し入れに手間がかからない収納方法の基本 ･･････ 34
- 収納計画 ･･････ 35

7. 整頓とは？ ･･････ 40

3 収納スペースについて

1. 収納スペースのつくり方 42
  家具の一部を活用する 43
  家具を移動させる 44

2. 収納スペースの使い方 46
  半間使い 46
  コーナー使い 48
  両面使い 52

3. 収納家具・収納用品・収納道具・収納部材の選び方 54
  収納家具 56
  収納用品 58
  収納道具 63
  収納部材 65

4. 安全について 70
  地震対策 70
  家具の固定について 71
  設置物の安全対策 74
  安全空間を確保するために注意しておきたいこと 76
  安全な家具の配置とスペースの確保 78
  避難経路の確認 79

4 人の動きと暮らしの寸法

1. 人の動きと暮らしの寸法 80
  人体寸法（ヒューマンスケール） 82
  人の奥行きに対する動作寸法 84

2. 生活行為に必要なスペース 85
  通行スペースの動作空間 85
  出入口の通行スペースの寸法 86
  家事行為の動作空間 87
  身じたく行為の動作空間 88
  物の出し入れのための動作空間 89

座の動作空間 90
　　くつろぐ行為の動作空間 92
　　寝起きするために必要な動作空間 94

5 インテリアについて

1. インテリアとは 96
2. レイアウトですっきり見せる方法 98
　　収納家具のストレートラインをつくる ... 98
　　目の錯覚を利用した配置 99
3. コーディネート 101
　　イメージの統一をはかる 101
　　色のコーディネート 102
　　ディスプレイの基本 104

6 洋服の管理について

1. 洋服の整理方法 110
　　整　理 112
　　人別整理の手順 113
2. 洋服の収納方法 114
　　掛ける 114
　　たたむ 119
　　仕切りの活用 126
　　洋服の素材と収納位置 127
3. 洋服の害虫 128
　　洋服の収納場所について 129
　　防虫剤の上手な使い方 129
　　除湿剤 131

7 掃除について

1. 汚れ落としの3つの見極めと手順 ・・・・・・・ 132
2. 掃除の4大要素「洗剤」「水」「労力」「時間」・・・ 134
   汚れ落としの4大要素を知る ・・・・・・・・・・ 134

   【洗剤の上手な使い方】
   家の中のおもな汚れは、5つの洗剤で対処できる ・・・ 135
   その他の知っていると便利な洗剤 ・・・・・・・ 135
   使用上の注意点を守り、有効に使う ・・・・・・ 136

   【水の上手な使い方】
   掃除のときに役立つ水の働き ・・・・・・・・・・ 138

   【労力の減らし方】
   現代の生活スタイルに合った正しい「はたき」の使い方 ・・・ 139
   基本的な掃除道具 ・・・・・・・・・・・・・・・ 140
   掃除機を活かす使い方 ・・・・・・・・・・・・・ 141
   掃除機につける手づくりノズル ・・・・・・・・ 143
   スポンジを活かす使い方 ・・・・・・・・・・・・ 144
   雑巾を活かす使い方 ・・・・・・・・・・・・・・ 144
   拭き掃除の種類 ・・・・・・・・・・・・・・・・ 146

   【時間の減らし方】
   効率のよい掃除の手順 ・・・・・・・・・・・・・ 147

8 住まい方アドバイザーについて

1. 住まい方アドバイザーとは？ ・・・・・・・・・ 150
2. 住まい方アドバイザーに求められる知識と技術とは？ 151

付録　図面作成の予備知識 ・・・・・・・・・・・ 152
第1巻&第2巻共通索引 ・・・・・・・・・・・・・ 156

1 住まいと片づけの基本は「3つの間（ま）」

- 「3つの間」とは、「空間」「時間」「人間」
- 「3つの間」の条件が満たされることで「快適空間」となる
- 「4つのR」を意識して片づけを実践

たんに収納場所を確保するだけでは、物と上手に付き合える快適な空間をつくることはできません。「空間（収納スペース・間取り）」、「時間（動線）」、「人間（視線）」の「3つの間」をしっかり考えることによって、「スペースの無駄」「時間の無駄」がなくなり、「見せる、隠す」のメリハリのある、快適な住まいとなるのです。収納スペースの工夫や、間取りを提案するときは、つねに「3つの間」が満たされていることが重要です。

1.「3つの間」とは？

居ごこちのいい住空間を実現するためには、たんに片づけるだけでなく3つの「間（ま）」という考え方を元に部屋のレイアウトや間取りの提案をします。この「3つの間」とは「空間」「時間」「人間」のことをさし、この「3つの間」を基本にしてプランを考えチェックしていきます。

暮らしのストレスの原因となる「3つの間」

	暮らしのストレス		問題点		「3つの間」
1	収納スペースがうまく使えない 探し物がいつも見つからない	→	スペースの使い方に問題	→	空間
2	動きづらい 間取りが悪い	→	動線の取り方に問題	→	時間
3	見せたくない物が見えてしまう くつろげない	→	人の視線の行き場に問題	→	人間

ここちいい「3つの間」の特長を知る

「空間」「時間」「人間」の相乗効果が居ごこちのいい住空間を実現します。

スペースの有効活用により、
物と上手に付き合える空間の提案

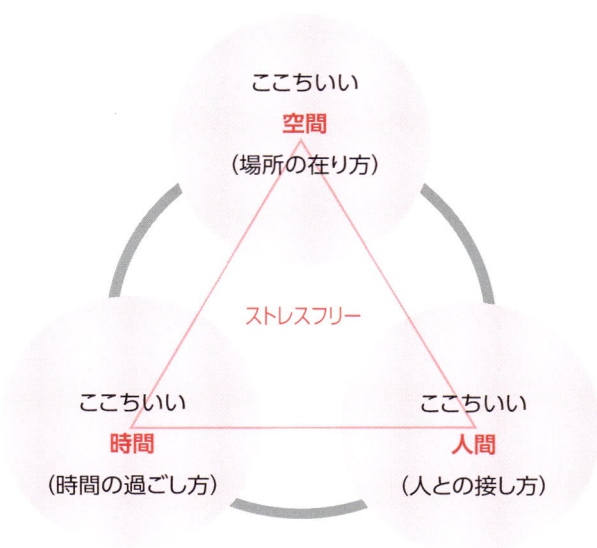

ここちいい
空間
（場所の在り方）

ストレスフリー

ここちいい
時間
（時間の過ごし方）

ここちいい
人間
（人との接し方）

効率的な家事や生活動線により、
心のゆとりが生まれる提案

家の中の見せ方(見せる・隠す)や視線による、
人と人とのほどよい距離感の提案

家の中のどの場所であっても、「**3つの間**」＝**空間・時間・人間**が整っていることが大切です。どれか1つでも不具合があると「住まいごこち」のよさに結び付きません。バランスよく満たされて初めて、相乗効果による良質の「住まいごこち」が実現します。

■ 空　間

物をスムーズに使うために必要なスペースのことを「空間」と考えます。

空間を有効に使うことは、使いやすい収納スペースをつくることであり、それが過ごしやすい室内にすることにもなります。

収納スペースの場合、たくさんつくればよいというわけではありません。

むしろ、収納スペースが無駄に多いと、管理をする「労力」や「時間」にストレスがかかるだけではなく、不要な物を増やす（溜め込む）原因にもなってしまいます。

収納スペースは、「適所・適材・適量」が大切です。

新築やリフォーム・部屋のレイアウト替えによる収納スペースの考え方すべてに共通しています。

〈収納スペースに対して〉
- **適所**＝使うところに使う物を収める
- **適材**＝収めている物が出し入れしやすい
　　　　収納家具・用品・道具・部材を使う
- **適量**＝必要なスペースだけつくる

〈物に対して〉
→　物の行方不明や探し物がなくなる

→　出しっぱなし使いっぱなしがなくなる

→　管理しやすくなる

　上記のことを踏まえ、収納スペースは「物をしまう場所」ではなく「使う物を置く場所」と考えます。また、生かされる収納スペースをつくることは、物（生活用品）も生かされるということです。

　限られた住空間の中で収納スペースを整えることは暮らしを整えるということ。物に振りまわされる生活から物を管理できる生活へと変えることができ、本当に必要な物を見分ける力がつけられます。その力は「物と上手に付き合う」力となり、その結果、日々の暮らしの豊かさにつながっていくことになります。

〈「適所・適材・適量」の空間提案—例〉
　これまで提案した住まいの一例を紹介します。

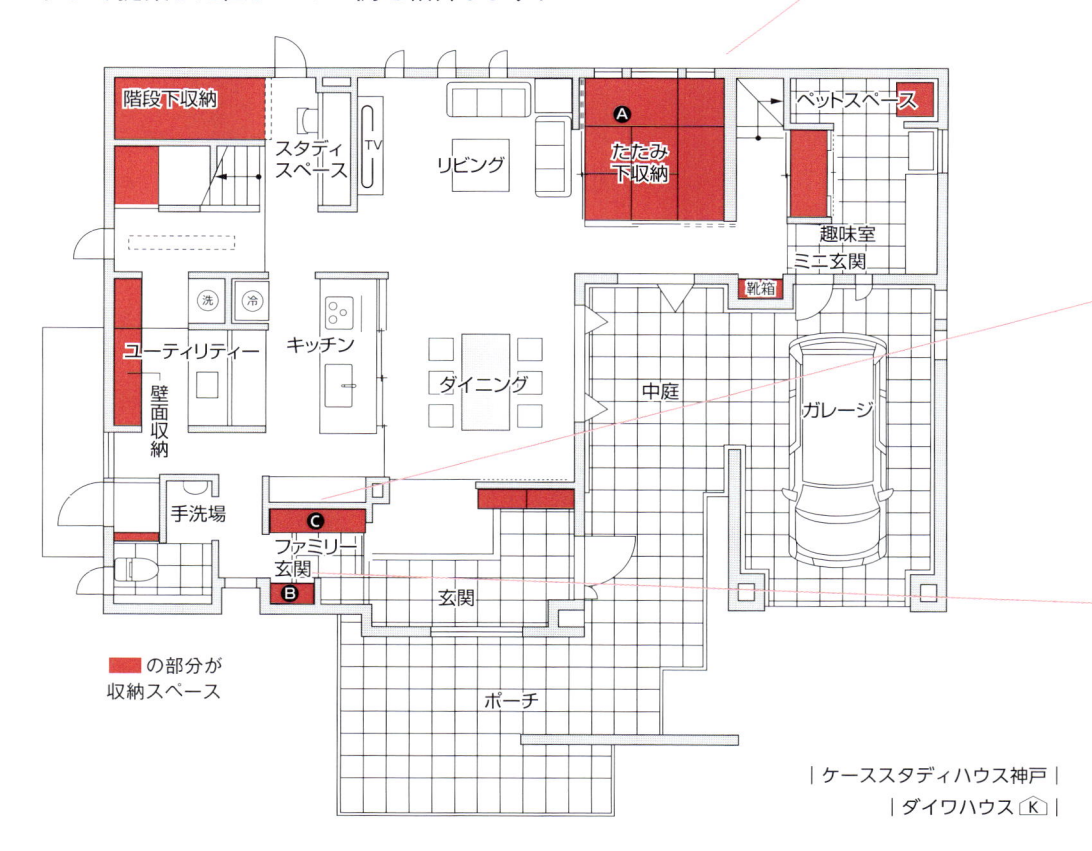

| ケーススタディハウス神戸 |
| ダイワハウス K |

※ P8～P13の図面の間取りは、実際のケーススタディハウスとは多少異なる部分があります。

1 3つの間

A 押入れ代わりのたたみ下収納

① 「和室には押入れ」という概念にとらわれない収納提案。来客用の布団、寝具類、座布団、クッションなどが十分に収められる。

② 4.5畳のたたみ下が7つの収納パーツに分かれ、すべて移動できるため、リビング・ダイニングでたたみの腰掛けになり、大勢で集えることができる。

〈効果〉たたみ下収納を移動できることで、和室をリビングとしても利用することができる。

押入れの代わりにたたみ下収納を設置

B・C ファミリー玄関の提案

① 靴箱をはじめ、傘立て、バギー置き場などすべての収納を扉のないオープン棚にし、物の取り出しやすさを優先。また、各棚に扉をつけないことで、開け閉めするときに必要なスペースが不要になる。

② 玄関に収める物に合わせた奥行きの棚は高さを自在に変更できる工夫で持ち物が変わっても将来にわたって使い続けられる。

③ 主要な家族の靴をすべてメイン玄関に収めファミリー玄関を「玄関物入れ」として活用することもできる。

〈効果〉メイン玄関をいつもスッキリさせておくことができる。

■ 時　間

「時間」とは、家の中のそれぞれの動線を整えることをいいます。「動線」とは、家の中で人が動く経路のことをいい、動線が悪いと家の中を行ったり来たりすることになり、時間や労力の無駄使いの原因となります。その結果、常に時間に追われ、心にゆとりが無くなり、大きな暮らしのストレスの原因となってしまいます。

逆に動線が整っていれば、誰にとっても平等に過ぎていく時間を有効に使え、それが心のゆとりとなります。

たとえば、帰宅したとき、どこに何を置いたら無駄な動きがなく、物が片づくのか、帰宅してからひと息つくまでの、一連の動作の流れを書き出してみます。

そうすることで、その「動線」上に必要な「生活用品」の置き場が明確になり、使うところに使う物を収めておけば、さらに無駄のない「時短家事」「時短生活」へつながります。

〈動線の種類〉

動線には大きく分けて「家事動線」と「生活動線」の2つがあります。

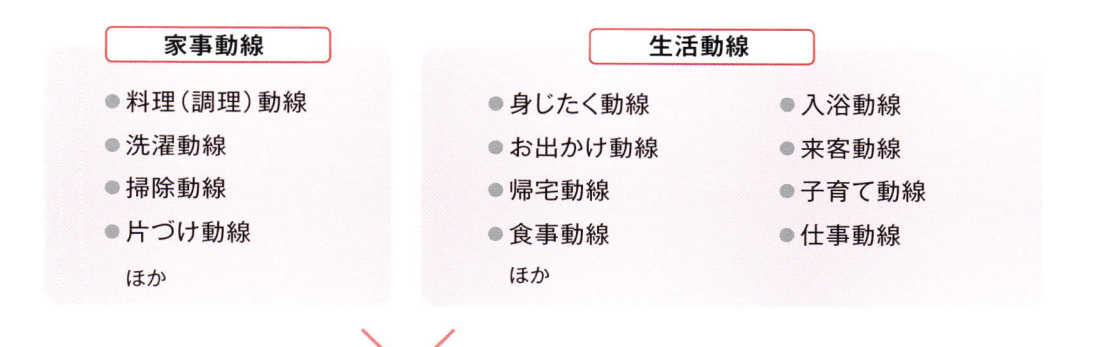

家事動線
- 料理（調理）動線
- 洗濯動線
- 掃除動線
- 片づけ動線

ほか

生活動線
- 身じたく動線
- お出かけ動線
- 帰宅動線
- 食事動線
- 入浴動線
- 来客動線
- 子育て動線
- 仕事動線

ほか

動線を考えるときに大切なことは、できるだけ動線が短く、1つの動線の中で作業や行為が完結することです。

また、1つの動線でも3パターンを想定することでよりよい動線をつくることができます。

- **一連動線**──1つの家事や生活行為を一連の流れの中で完結できる。
- **しながら動線**──1つの家事や生活行為をしながら、同時に別の家事や生活行為を行える。
- **特有動線**──各家事や生活行為の中で特有の作業を一連動線上で行える。

※動線により「しながら動線」「特有動線」のない場合もあります。

☞ 特有動線は、次ページ洗濯動線の「雨の日動線」を参照

〈例1　洗濯動線〉

- **一連動線**……………………… ①汚れ物を分ける➡②洗う➡③干す➡④とり込む➡
  ⑤たたむ➡⑥所定の場所に戻す

- **しながら動線** ………………… 洗濯しながら、右手にあるミニシンクでシミ取り、浸け置き、下洗い（靴下、Yシャツなど）などを行う。また洗濯をしながら、料理や掃除をする

- **特有動線**
  雨の日動線…………………… 雨の日が続いたときや突然の雨への対応も考慮しておく（とくに、干す➡とり込むの作業の動線を確認）

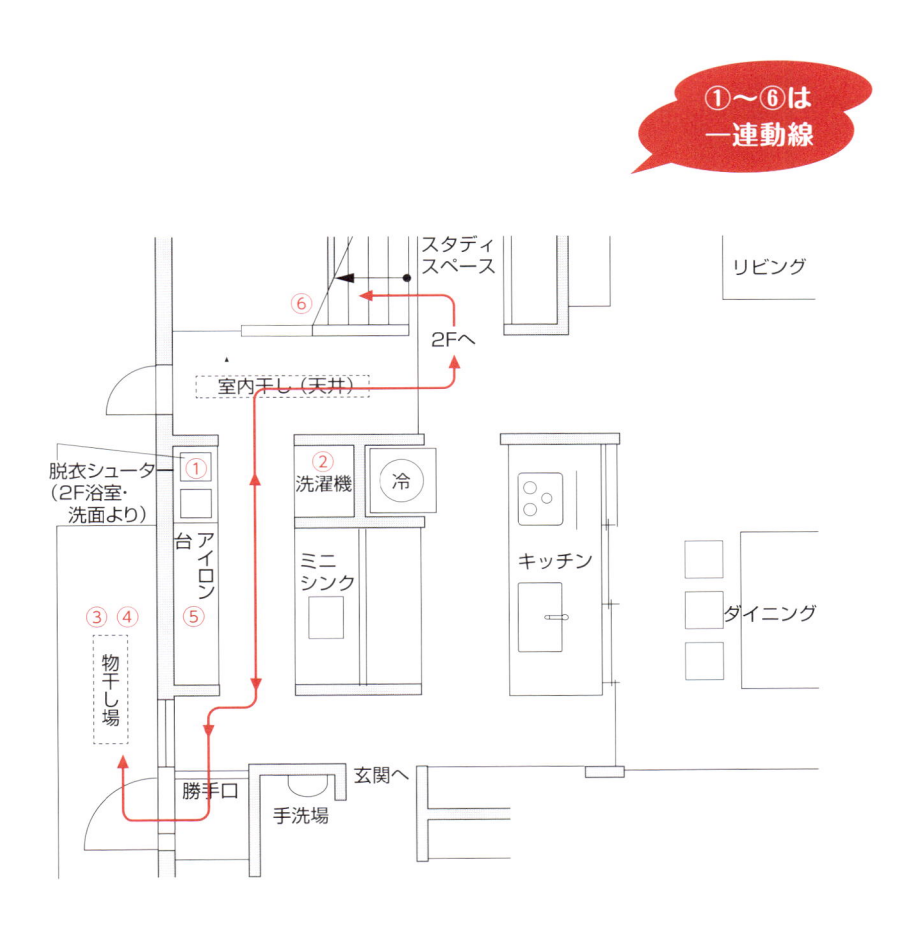

①〜⑥は**一連動線**

｜ケーススタディハウス神戸｜
｜ダイワハウス [K]｜

〈例2　帰宅動線〉

- **一連動線**………　①メイン玄関➡ファミリー玄関へ
　　　　　　　　　　②ファミリー玄関でバギーやゴルフバッグ、
　　　　　　　　　　　カバンやコート、傘を収める
　　　　　　　　　　③トイレ脇の洗面コーナーで手を洗う
　　　　　　　　　　④キッチン脇からダイニングやリビング、ユーティリティー、2階などへ

- **一連動線**………　①ガレージで荷物を車から降ろす
　（買い物した場合）②メイン玄関➡ファミリー玄関
　　　　　　　　　　③キッチンで食材を収める
　　　　　　　　　　④ユーティリティーにストック品とエコバッグを収める
　　　　　　　　　　⑤トイレ脇の洗面コーナーで手を洗う

- **特有動線**　……　①ミニ玄関➡ペットスペースで犬の足を洗う➡
　（犬の散歩帰り）　②ミニ玄関脇から家の中へ

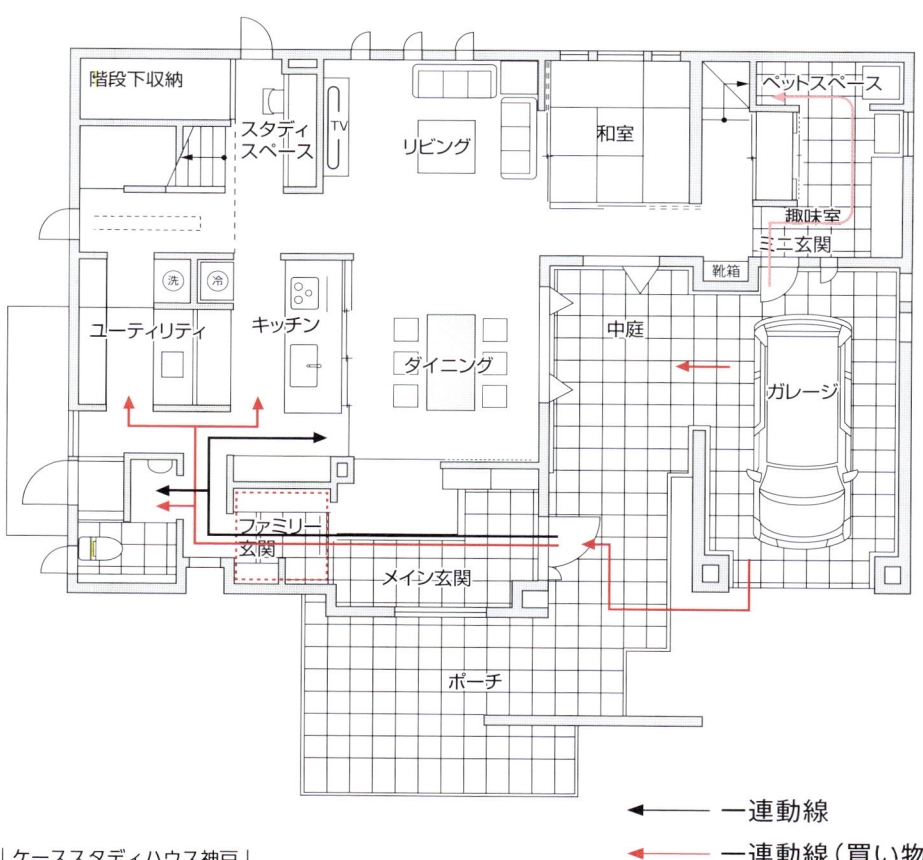

|ケーススタディハウス神戸|
|ダイワハウス［K］|

⬅　一連動線
⬅　一連動線（買い物した場合）
⬅　特有動線（犬の散歩帰り）

〈その他の動線〉ラウンド動線と8の字動線

　ラウンド動線とは家事動線や生活動線が、無駄なくひと続きで連なり、回遊できる一番効率のいい動線のこと。ラウンド動線が2つ以上連なると8の字動線となり、違う動線どうしを1つにつなぎ相乗効果を生み出します。

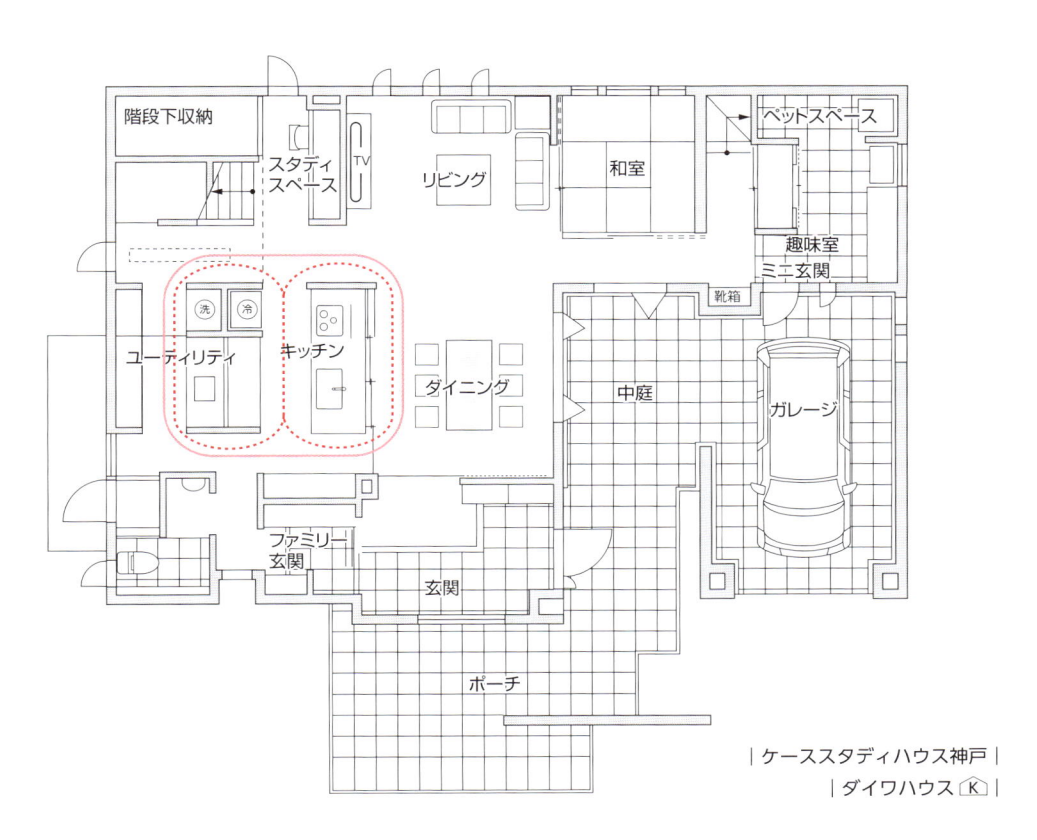

| ケーススタディハウス神戸 |
| ダイワハウス K |

　大勢でのホームパーティーや親族の集まりにも有効。ユーティリティーをサブキッチンとして使うことで、ラウンド動線が8の字動線となり大勢がキッチンに集まり、調理や準備に無理なく参加できます。

📝ノート　　動線の工夫で動作時間を短縮

それぞれの動線を工夫することで、1つの動作が5～10分短縮できます。
仮に1日1時間の短縮をすると、
- 1カ月で……30時間
- 1年で……365時間
- 10年では……3650時間

152日間に!!

■ 人　間

　空間をここちよく感じるためには「見た目」も大事です。**家の中の見せたくない物が見えていないか、見せたい物は美しく飾られているかを「人間」の視点で確認します**。また、キッチンなどではその時どきで物が見えてよいときと隠したいときがあります。雑然としがちなキッチンを見せないように目隠しや扉で視線をさえぎるなど、その場所の「見せる」と「隠す」が簡単に変えられたら、住む人はもちろんのこと、そこに集う人たちもお互い気を遣うことなく団らんできます。

　また、そこで過ごす人同士の視線の交わり方、視線の方向を考えることも必要です。というのも、同じ部屋にいながらでもひとりになれる空間と皆で集える空間があれば、家族同士のほどよい距離感が保てるからです。部屋の中で個になれるスペースと集うスペースの両方をつくることがポイントです。

〈個になれる場所と「見せる」と「隠す」〉

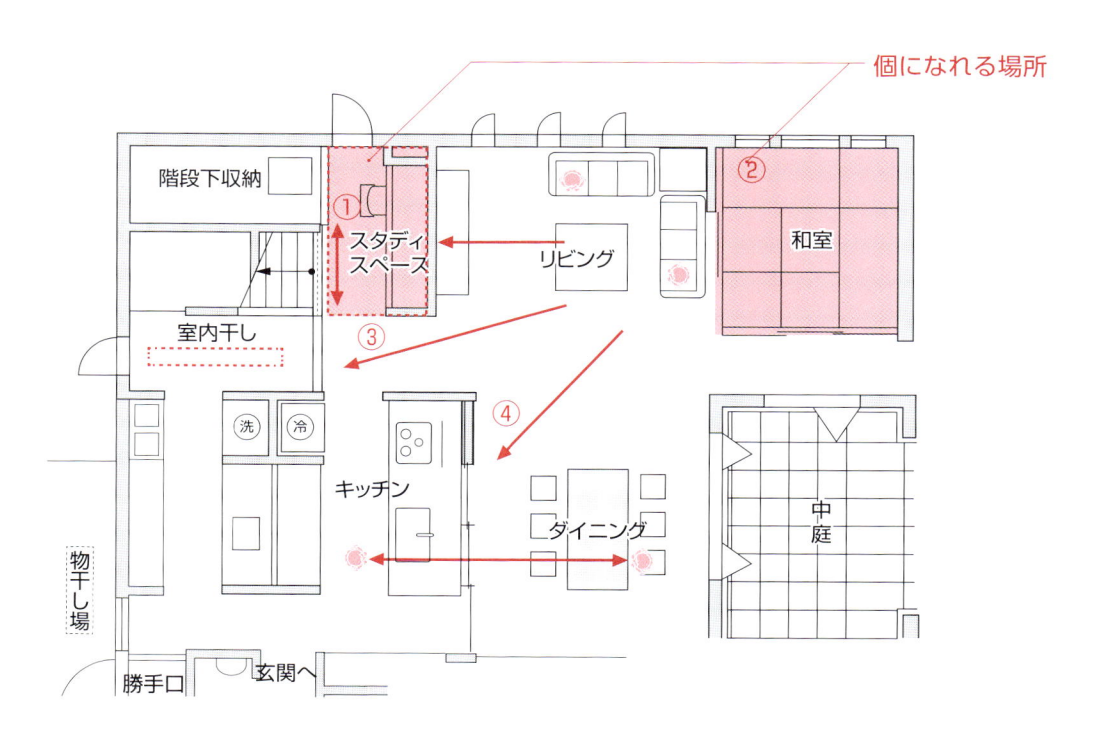

⟵　は、ソファーに座った人、ダイニングに座った人の視線
┈┈　は、隠したい場所

｜ケーススタディハウス神戸｜
｜ダイワハウス K｜

①スタディスペース

LDKの中で個になれるスペース。リビングやダイニングにいる人とお互い同じ場所にいるという安心感の中で自分に向き合えるスペースとなる。

①スタディスペース

②和室

開閉できる扉によって、扉を閉めたときには個になれるスペースとなる。

②和室（扉が閉まった状態）

②和室（扉が開いた状態）

③室内干しの目隠し扉

階段下収納の扉を冷蔵庫脇まで引き出すと、リビングから室内干しの洗濯物を隠すことができる。

④キッチンの目隠し扉

キッチンが散らかっているときは、扉を閉め独立型のキッチンとして利用。キッチンにいながらダイニングとの会話を楽しむときにはオープンな対面キッチンにする。扉の開閉によって、2つのスタイルのキッチンを味わうことができる。

④キッチン

2.住まい方アドバイザーと4つのR

3つのR

　片づけるときに不要な物が多いと片づける労力と時間、それを置いておくスペース、それに二重、三重買いや収納道具など無駄な出費も増えてしまいます。
　ここで気をつけなくてはならないのは、「処分＝捨てる」ではないということです。
　昨今、ゴミ問題は世界的な問題となっており、循環型社会を目指して、各国でさまざまな取り組みが行われています。日本でも2001年1月に「循環型社会形成推進基本法」が施行され、Reduce（リデュース）、Reuse（リユース）、Recycle（リサイクル）の「3つのR」をかかげて、循環型社会の実現を目指しています。
　「処分＝捨てる」と短絡的に考えるのではなく、「3つのR」に即した処分方法を意識することが大事です。

①Reduce（リデュース：削減）

　リデュースはできるだけゴミの量を減らすことを意味します。不要な物、余分な物を家の中に持ち込まないようにすることです。

おまけや景品はよく吟味する

無料でもらえると、得した気分になって、よく考えないでもらってきてしまいますが、結局使いみちがなく、ゴミになることがよくあります。粗品や無料の物の中で、自分に必要ない物であれば、丁寧に断ったり持ち帰らないように心掛けたりすることが大切。

ストック品は適切な量にする

生ゴミの6分の1は、買ったまま手をつけていない食品といわれています。安いからと衝動買いやまとめ買いをし、そのまま手をつけずに消費期限が切れてしまう物の多さには驚かされます。
衝動買いをしないようにすることも大事ですが、ストックする量をあらかじめ明確にし、それを保管する場所を決め、出し入れしやすく在庫確認がしやすいシステムをつくることで無駄に処分する物が自然になくなる。

②Reuse（リユース：再利用）

　一度使っただけでゴミにせず、繰り返し使うことを意味します。回収したビンを洗って、また使うというのが代表的なリユースですが、古着や古本の売買もリユースの1つです。

使わない物を売る、譲る

たとえ新品であっても、使わなければそれはゴミと同じ。けれど、使ってくれる人がいたらゴミにならずにすみます。
「まだ使えるのにもったいない」と、処分するのをためらい家の中のどこかにしまい込んだまま。このように使えるのに使っていないことこそもったいない行為です。もし使わないのなら、人に使ってもらうことを考えましょう。バザーやインターネットオークションなどで売ってもかまいませんし、使ってくれるという人が身近にいたら譲ってもいいでしょう。ただし、無理な押しつけで、「小さな親切、大きなお世話」にならないよう配慮が必要。

③Recycle（リサイクル：再循環）

　資源として再循環し、新たに利用することを意味します。古紙を紙の原料として再利用したり、ペットボトルを繊維にしてTシャツにしたりするのもリサイクルの1つです。

> **とことん使い切る**
> 古くなったシーツやTシャツは雑巾などにします。
> できるだけゴミを出さず、売ったり譲ったり、とことん使い切ることはとても大切ですが、より重要なのは、それがなぜ必要ないのか、なぜ使わずにいたのかを考えてみることです。
> また、どうしても処分できない物は、まずは即使ってみます。そうすることでその物が本当に必要なのかどうか、どのようなものが使いやすくて、何が使いにくいのかがわかってきます。これを繰り返すことで、良い物を見抜く力が養われ、自分にとって本当に必要な物を判断する力が備わってくる。

4つめのRは住まい方アドバイザーにとってのR

④Renewal（リニューアル：再生）

　3つのRは、現代社会の中ではとくに大事な考え方になっています。住まい方アドバイザーは、この3つのRを大切にしつつ、さらに4つめの「R」を心がけます。片づけるという作業においては、「処分」という行為が発生します。しかし、この処分というのは、ただ捨てるということではなく、いる物、いらない物を見極める中で、**自分と自分の暮らしに向き合いながら暮らしを整えていくことです。これこそが暮らしの再生、再構築（Renewal）であり、住まい方アドバイザーが目指す4つめのRです**。もともとの暮らしを尊重していきながら、Renewalの考え方の理念のもとに、「空間」、「時間」、「人間」の「3つの間」を土台にした暮らしの再生、再構築を目指していきます。

2 片づけについて

- 片づけとは、自分らしく生きていく力のこと
- 片づけには、生活の中の無駄をなくす効果がある
- 片づけの手順は、整理⇨収納⇨整頓

> 不要な物を処分し（整理）、必要な物を使うところに収める（収納）。そして、その状態を維持（整頓）しやすい収め方の工夫が必要です。そのためには、ただたんに物を処分するだけでなく、どのような暮らし方が理想なのかを十分に考え、その暮らし方に必要な物だけにすることが重要なポイントとなります。「片づけ」は自分の暮らし方を見つめ直すことであり、改善するプロセスでもあり、快適な暮らしを現実のものにする大きな役割を持つ作業です。

1.「片づけ」とは？

　片づけとは、見た目をきれいに整えることではありません。それどころか片づけをたんに部屋の中をきれいに整えることだと思っていると、片づきません。

　その場所で暮らす人にとって、心身ともに健康で暮らせる「居ごこちのいい住まい」をつくること。それが片づけです。

　自分や家族はどのような暮らしがしたいのか、「居ごこちのいい住まい」とは、どのような住まいなのかをよく考え、想像し、その上で、自分や家族が望む暮らしに**必要な物を選び**、それらを**適切な場所に収める**。これこそが「片づけ」であり、「片づけ」を通して、自分らしく生きていく力をつけることができるのです。

自分や家族が　●どんな物を使い　　快適に暮らせるのか。
　　　　　　　●どんな暮らしをすると

このことを考えながら　①必要な物を選ぶ　②適所適材に収める

⟶ ①②を実行する力＝片づけ

片づけ＝自分らしく生きていく力

2.家の中の物について

　家の中には多種多様の物が収まっていますが、「家族で使う物」と「各個人」で使う物との2つに分かれます。
　また、それらの物は使い方により下記のように「消耗品」と「耐久、待機品」とに分類されます。

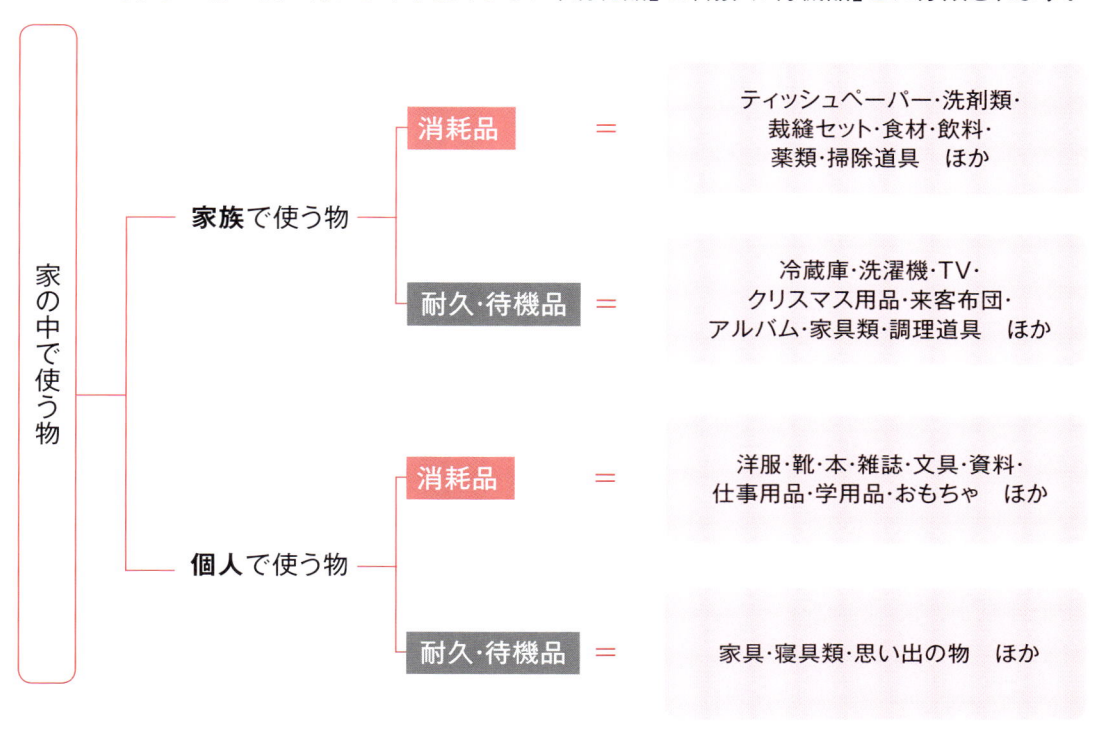

```
家の中で使う物
├─ 家族で使う物
│   ├─ 消耗品 = ティッシュペーパー・洗剤類・裁縫セット・食材・飲料・薬類・掃除道具　ほか
│   └─ 耐久・待機品 = 冷蔵庫・洗濯機・TV・クリスマス用品・来客布団・アルバム・家具類・調理道具　ほか
└─ 個人で使う物
    ├─ 消耗品 = 洋服・靴・本・雑誌・文具・資料・仕事用品・学用品・おもちゃ　ほか
    └─ 耐久・待機品 = 家具・寝具類・思い出の物　ほか
```

消耗品 = おもに1回限りで使い切ったり、使うたびに量が減る物。形は小さい物が多いが多種類で、ストックも含め数が多い。
逆に「個人」の物は消耗品でも洋服やカバンなど長持ちする物が多く、増え続けても減ることが少ないため、片づかない原因になりやすい。

耐久・待機品 = 使用する期間が数年単位で長い家電や家具、1年に1～2回しか使わないクリスマスツリーなどの季節用品。形が大きい物が多いが、種類や数も少なく、冷蔵庫や洗濯機など家族単位で使う物が多い。

　こう見てみると、家の中の物は、消耗品の持ち方に気をつけなければいけないことが分かります。このことを踏まえた上で実際の片づかない原因を確認しましょう。

3.片づかない原因

　家の中が片づかない原因としてよくあげられるのが、〈物が多い〉、〈収納スペースが少ない〉、〈家が狭い〉、〈時間がない〉、〈子どもがまだ小さい〉、〈家族が散らかす〉、〈どこから手をつけてよいか分からない〉などです。とくに〈物が多い〉はこの25年間で一番多い意見です。

　しかし「物」は1日にして増えるわけではありません。日々の積み重ねの中で、少しずつ増え続け、物に圧迫された暮らしづらさに妥協したり、慣れてしまい、気がついたときには、どうにもならない状態……。このパターンが非常に多いのが現状です。

　片づかない原因には、大きく分けて**「物に対する意識」**と**「管理方法に対する知識」**に問題がある場合が大半です。それらが日常生活の中でどのような傾向にあるかを見極めることが、快適な暮らしづくりをするうえで重要となります。

「物に対する意識」に問題がある

　片づかない状態に陥っている家の中には「無い方がよい物」や「無くてもまったく生活に支障のない物」がたくさんあり、その物たちが限られた生活スペースを占領し、暮らしのメタボ（贅肉）となり、健康な暮らしをおびやかすだけでなく、身体や心までもむしばむ原因となってしまいます。暮らしのメタボを引き起こす代表的な原因は以下の3つです。

①物を死蔵品化させている　➡　物が減らない原因1

　自分にとって不要だとわかっていても、どうしても捨てられない。その背景には、「いつか使うかも」「もしかしたら使うかも」「たぶん使うだろう」と考える、「いつか」「もしかしたら」「たぶん」という意識があるから。このような考えは、日本が高度経済成長を迎える前の物のない時代に育った人たち、あるいはその世代の人に育てられた人たちに多く見られ、「捨てる＝いけないこと」という意識が身にしみ込んでいる。

　その結果、「捨てること」に対して**罪悪感**（使い切っていない）・**執着心**（まだ使える）・**不安感**（必要になるかもしれない）が生じ、捨てられないでいる。（☞P23～本章「整理とは？」参照）

②使っていると思い込んでいる　➡　物が減らない原因2

　同じ種類の物をいくつか持っている中で必ずといってよいほど「よく使う物」と「あまり使わない物」がある。同じ種類の物を同じ場所に置いてあるために、「あまり使わない物」も「よく使う物」「ときどき使う物」と思い込んで、無自覚に持ち続けている。（☞P23本章「"使用頻度"が必要な物の目安となる」参照）

③情報や流行に惑わされている　➡　物が増える原因

　テレビや雑誌、インターネット情報、その他で商品紹介をされると、必要以上に期待感を刺激されてつい買ってしまう。また、セールなどで安くなっている物を買うことで、「得した気持ち」になる。流行している物を持ちたいという所有欲が働き、買ってしまう。いずれも買った行為のみに満足して実際には買った物を使いこなせていないことが多い。（☞P23本章「チェック！」参照）

> ☑ **チェック!**

物が減らない原因

- 罪悪感　使い切っていない
- 執着心　まだ使える
- 不安感　必要になるかもしれない
- 使っていると思い込んでいる

使っていない物でも左記の感情から「いつか」「もしかしたら」「たぶん」という意識が生じ、いつまでもしまってある

物が増える原因

- 期待感
- お得感
- 所有欲

買ったり手に入れた行為で満足してしまう

「管理方法に対する知識」に問題がある

適正な量まで物を減らしたとしても、収納スペースが不足していたり、収納スペースは足りているのに、家の中が雑然としてしまうのは、次のような4つの知識不足が原因と考えられます。

①収納場所の決め方

- 収納場所を1カ所に決めず、同じような物をあいまいに収納してしまい、どこに何があるのか分かりづらく、いつも探し物ばかりしている
- 収納場所は1カ所に決めているが、使うところに使う物が収まっていなかったり、よく使う物なのに出し入れしづらい場所や離れている場所などに収納している

（☞P29本章「収納とは？」参照）

②収納スペースの使い方

- 部屋の中がすぐ散らかってしまうのは収納スペースが「少ない」または「足りない」からだと部屋のせいにしてあきらめてしまっている

（☞P42第3章P42「収納スペースのつくり方」参照）

③収納家具の配置

- 家具の配置を間違っているため、部屋が狭く見えたり、片づけても部屋がすっきり見えない

（☞P98第5章「レイアウトですっきり見せる方法」参照）

④収納家具、収納用品、収納道具の使い方

- 収納家具や収納用品をどう使えばよいのか分からない。また、工夫はしてみたものの使いづらさを感じたまま使い続けている

（☞P29本章「収納とは？」、P54第3章「収納家具・収納用品・収納道具・収納部材の選び方」参照）

4.片づけの手順と考え方

ここから片づけの具体的な手順について説明します。
片づけは「整理」➡「収納」➡「整頓」の順に行います。

整理	「いる物」と「いらない物」を振り分けて、「必要な物」だけにする	基本となる片づけ
⬇		
収納	「必要な物」を「使う場所」に「出し入れしやすい方法」で収める	
⬇		
整頓	使った物を元の場所に戻す ——— 日常の片づけ	

片づけの80％は「整理」であり、整理が終われば、片づけはほぼ終わったも同然。残りの20％は、物の位置（指定席）を決める「収納」です。

この整理と収納が上手にできれば、使った物を元に戻す「整頓」＝「日常の片づけ」はとても簡単な作業となります。

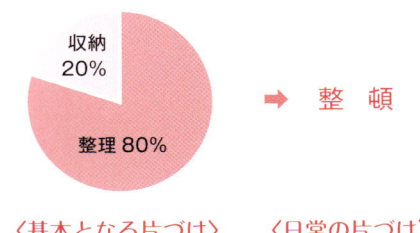

収納 20％
整理 80％
➡ 整　頓

〈基本となる片づけ〉　〈日常の片づけ〉

片づけによる効果

片づけには生活の無駄をなくす効果があります。

- 物の出し入れがしやすくなる
- 探し物が少なくなる
- 掃除がしやすくなる

—— 無駄な「労力」「時間」をカット

- 無駄な買い物をしなくてすむ
- 物を傷めることなく、よい状態で長く使える

—— 無駄な「コスト」をカット

- 空間を上手に使えるようになる

—— 無駄な「スペース」をカット

⬇

結果として

「片づけ」ストレスから解放されます

5.整理（分ける作業＝分かる作業）とは？

　整理とは必要な物と、不要な物を振り分け、必要な物だけを残す作業です。
　希望する暮らし方を十分に想像し、その暮らしに「**必要な物**」「**不要な物**」を選別していきます。
　また、物の要・不要を選別するときは、「**使えるか、使えないか**」ではなく、「**使うか、使わないか**」を考えることが重要です。そのため、物の要・不要を判断する際、「不要な物の目安」（あとのページで詳しく説明）とともに「必要な物の目安」を理解しておく必要があります。

2 片づけ

「**使用頻度**」**が必要な物の目安となる**

　①**よく使う物**　➡　毎日〜毎週〜毎月必ず使う物（キッチン・洗面用品・洋服　ほか）

　②**ときどき使う物**　➡　2〜3カ月に一度は使う物（来客用食器・お菓子道具　ほか）

　③**めったに使わないが、必ず使っている（使う）物**
　　➡　● ストック品（日用品、マタニティ用品、子どもの服　ほか）
　　　　● 季節用品（クリスマス用品、五月人形、ひな人形　ほか）
　　　　● 来客布団　● 思い出　● コレクション

　①〜③に該当する物は「必要な物」として残しておいてよい物とします。

　ただし、よく使っていると思い込んでいる同じ種類の生活用品の中でも（鍋やザル、洋服や身につける小物類など）、「あまり使っていない物」や「ほとんど使っていない物」がまじっていることがよくあります。
　なぜ、「あまり」または「ほとんど使わない物」なのか、それは「**使いづらい**」からです。
　よく使う物と同じ種類の物であったとしても、日頃の使用頻度をよく思い返し、よほどの理由がない限り、「あまり」または「ほとんど使わない物」は処分するようにします。
　このように1つひとつを選別していくなかで、自分や家族にとって、本当に必要な物、大切な暮らしとは何かを感じとることができ、「自分らしく生活する」ためのスタートといえる作業です。
　（☞P20本章「片づかない原因」の「『物に対する意識』に問題がある」②「使っていると思い込んでいる」参照）

☑ **チェック!**

整理とは「分ける」作業

　➡　分ける　➡　分かる　➡　自分の状況を理解できる

整理作業

整理作業でむずかしいのは「何を処分して、何を残すか」です。このことで悩み、片づけを途中で断念することも少なくありません。

さまざまな物が混ざった状態では、何が必要で何が不要か判断に迷いやすいため、「分類」することで、それぞれの物の必要性を明確にし、要・不要を判断しやすくします。

〈整理作業の分類と手順〉

整理は、3つのSTEP（ステップ）で進めます。

> STEP1 ＝ カテゴリー別（内容と各量が把握できる）
> ▼
> STEP2 ＝ 人別　　（誰の物かで要・不要を判断する人が分かる）
> ▼
> STEP3 ＝ アイテム別
> （同じアイテムを見比べることで要・不要が判断しやすくなる）

要・不要の判断に迷ったときは、迷った物をまとめておき、一分類ごとに最後に決断します。このとき、重要なポイントは次の3つです。

- 迷っている理由を明確にする
- 「迷う」 ＝ 「必要性が低い」物と考えて処分
- 「いつか」「もしかしたら」「たぶん」 ＝ 暮らしの贅肉と考えて処分

〈整理作業の優先順位と処分の目安〉

下記の表は、整理作業を効率よく進めることができる優先順位の高いものを1～17の順に表わしました。

「キッチン」「洗面所」「玄関」などで使用する物は、その場所専用の物が多いため、この表の中には含まれていません。

	STEP1 カテゴリー	STEP2 人別	STEP3 アイテム		処分の目安	主寝室
1	洋服	個人	・トップス　・ボトムス ・スーツ　・ワンピース ・コート　・冠婚葬祭 ・スポーツウェアー ・下着　パジャマ　・その他		・汚れ・傷み・型崩れがある ・好みでなくなった（流行） ・サイズが合わなくなった　　A ・着にくい（着ごこちが悪い） ・着るシーンが無い ※洋服のリフォームは期限を決め、その間にリフォームしなければ処分する	○
2	身につける小物類	個人	・ベルト　・ネクタイ ・マフラー　・ショール ・スカーフ　・帽子 ・手袋　・バック ・靴下　・アクセサリー ・時計　・その他		(1) 洋服の処分の目安　Aと同じ ※手袋・靴下・イヤリングなど片方になった物	○

STEP1 カテゴリー	STEP2 人別	STEP3 アイテム	処分の目安	主寝室
3　寝具類	個人 共有	・布団　　・シーツ類 ・マットレス　・ベッドマット ・タオルケット　・毛布 ・枕　　・ピロケース ・その他	・破れている・変色・ほつれ ・傷みがある・洗いずらい ・使用感が悪い ※洗い代えのインターバルを決め不要なストックは処分	○
4　本	個人 共有	・実用書 ・書類 ・百科事典 ・絵本 ・雑誌 ※とくに料理本	・機能が低下しているもの 　（＝古い・破損がある） ・読みづらい（＝使いずらい）　　　B ・読んでいない（＝使っていない） ・今後も読むことがなさそう 　（＝使うことがなさそう） ・興味が薄れたもの 　※必要な情報の物を切り取りファイリングし、一定量超えないように要・不要をチェックする ・サイン本や絶版本など2度と手に入らない本や、持っているだけで心が豊かになる本以外は処分	○
5　娯楽用品	個人 共有	・CD　　・ゲーム ・DVD （カセットテープ・ビデオテープ・レコード）	4　本の処分の目安　Bと同じ	○
6　家電・機器類	個人 共有	・家電　　・AV機器 ・パソコン関連　・携帯関連 ・コード類　・部品類	4　本の処分の目安　Bと同じ ※コードや部品は、何用か分からない、または本体を処分したものは処分	○
7　紙物	個人 共有	・パンフレット・カタログ ・DM・チラシ・名札　① ・保証書……② ・説明書……③ ・契約書 ・重要書類　④ ・お知らせ・通知書 （町内会・地域含む）　⑤ ・明細書 （給与・クレジットカード） ・領収書・通帳（使用済）　⑥ ・年賀状・暑中見舞 ・出産・喪中ハガキ　⑦ ・仏祝儀袋（頂いたもの）……⑧ ・住所録……⑨ ・未使用のメモ帳・ノート ・レターセット・仏祝儀袋　⑩ ・その他……⑪	①～③⑪明確な必要性がない物は処分 ※②残す場合は、1年に1度、要・不要チェックの必要 ※③必要な箇所のみ切り取るか、スキャンで取り込む 　またwebでダウンロードやメーカーに確認する ⑤期間が終わったり、手帳やパソコン・携帯に控えたら処分 ⑥保管の必要性が明確でない場合は処分 ⑦⑧「あいさつ」が目的のため、受け取った時点で役目が終わったと考え処分 ⑨住所録は1つにまとめ、メモや転居しらせのハガキは処分 ※パソコンや携帯を利用する場合、住所録は処分 ⑩使いづらいものは新品でも処分 ※レターセットなどは筆ペン・切手と一緒にしておく	○
8　「いつの間にか」溜まった物 ・空き箱の中 ・カゴの中 ・紙袋の中 ・引出しの中	個人 共有	・事務クリップ　・消しゴム ・絆創膏　・リップクリーム ・キーホールダー　・ボタン ・サービス券　・お守り ・レシート　・その他 ・ノベルティのストラップ ・使いかけのポケットティッシュ	・確実に「使う」物だけ残し、あとはすべて処分 ※同じアイテムの場所へ収めるのが面倒で、身近なカゴや引出しにとりあえず入れておいた物。この状態を片づけの「イエローカード」と意識し、「いつの間にか」をなくすようにすること	○
9　学校（塾）	個人	・教科書　　・ノート ・テキスト　・プリント ・資料　　・参考書 ・道具箱　・カバン ・その他	・使い終わったもの ・今後使うことがなさそうなもの　　C ・使いづらいもの	○
10　仕事関連	個人	・パソコン関連用品（仕事用） ・資料　　・書類 ・手帳 ・仕事のカバン ・仕事の道具 ・その他	9　仕事関連の処分の目安　Cと同じ ※使う「時期・シーン」や「ストックの理由」が明確でないものは処分	○
11　生活雑貨品	共有	・洗剤　　・薬 ・ティッシュペーパー ・電池　　・ひも ・入浴剤　・ゴミ箱 ・トイレットペーパー ・テープ類　・その他	4　本の処分の目安　Bと同じ ※「便利そう」な物を不用意に購入しない ※ストックする場所と量を決め、一定量を超えないようにする	○

※右端の欄の○は主寝室にありがちな物を示しています

2　片づけ

STEP1 カテゴリー	STEP2 人別	STEP3 アイテム	処分の目安	主寝室
12　生活用具	共有	・掃除道具　・工具 ・アイロン台＋霧吹き ・文具　　　・裁縫セット ・タオル類　・その他	4　本の処分の目安　Bと同じ ※「便利そう」な物を不用意に購入しない ※同じものがいくつかある場合、使いやすいものだけ1〜2点にする	○
13　おもちゃ	個人	・ぬいぐるみ　・人形 ・お絵描き　　・カード ・ゲーム　　　・ブロック ・ままごと道具 ・その他	4　本の処分の目安　Bと同じ ※壊れているもの ※おもちゃ置き場を決め、そこに入る分だけにする 　増えた場合は、子ども自身に優先順位をつけさせ、順位の低い物は処分させ、一定量を守るようにする（親が誘導し手伝う）	○
14　趣味	個人 共有	・コレクション　・習い事の道具 ・スポーツ用品	4　本の処分の目安　Bと同じ	○
15　インテリア用品	個人 共有	・置物　　　・絵 ・パネル　　・フォトフレーム ・時計　　　・花瓶 ・その他	4　本の処分の目安　Bと同じ ※人に頂いたものでも上記に当てはまる物は処分	○
16　思い出の物	個人 共有	・写真……① ・手紙・ハガキ・メッセージカード……② ・記念品（トロフィー、賞状、他）……③ ・その他	①・同じようなものが何枚もある 　・写真うつりが悪いもの 　・どこで撮影したか分からない ②その存在のあることで心が癒されたり、元気になったりなぐさめられる心にしみる物以外処分 ③特別な思い入れのある物以外は処分 ※①〜③のストックする「場所」と「量」を決め、増えた場合は優先順位をつけ、順位の低い物は処分し、一定量を守るようにする	○
17　リサイクル品	共有	・紙袋　　　・レジ袋 ・ビン　　　・缶 ・その他	・空き箱 ・リボン、包装紙類	○

※「14　趣味」のコレクションした物について

　趣味として集めることを目的とした物は、「飾る」でも「しまい込む」でもどちらでも構いません。それらを所有するためにスペースや収納家具・用品が必要となり、コストがかかることを認識しておかなければなりません。

死蔵品化されやすい物　6項目

㊥=罪悪感（使い切っていない）　㊼=執着心（まだ使える）　㊦=不必要（必要になるかもしれない）

物	意識	➡ 処分の目安
1 破損していない物 ● 昔使っていた家電類 ● はきづらい靴 ● カップが割れ、残ったソーサー	㊥㊼㊦	完全に壊れていないので捨てられない → 〈使える〉のではなく〈使う物〉だけにする
2 使用目的がはっきりしない小物類 ● 何かの部品 ● コード類　● ネジ類　ほか	㊦	いつの間にか引出しや棚に入り込んで、何用かはっきりしない物 → 何用の物かを確認してもはっきりしない物は処分
3 高価だった物 ● すべての物に共通 ● 昔よそいきだった洋服 ● ブランド物	㊼	あまり使っていないが「高かった！」という価格に対して処分できない → 「高かった！」のに使っていない物はこの先も間違いなく使わない物と考え処分
4 新品の物 ● すべての物に共通	㊼	「好みでない」物でも「新しい」「未使用」状態というだけで処分できない → 「新品なのに」使っていない物はこの先も間違いなく使わない物と考え処分
5 頂き物 ● お祝 ● お土産 ● プレゼント	㊥㊦	とくに上司や親せき、気を遣う人からの頂き物 家に来られたときや聞かれたらと思ってしまう物 → 「下さった相手の気持」にしっかり感謝し「使い道」がない物や「好み」でない物は処分
6 神仏や命が宿ってそうな物 ● 人形・ぬいぐるみ ● お札・お守	㊥㊦	罰が当たりそうな気がする → 役目が終わった物や特別な思い入れがない物は処分 ※供養をしてくれる寺社にお願いする ※人形、ぬいぐるみなどはお塩などと一緒に処分する方法もある

■ 不要な物を増やさない工夫

（1）家の中に不要な物を持ち込まない
　　● 玄関にゴミ箱を置き、チラシ・DM他、不要な物は処分

（2）ストックする基準を決めておく
　　● ストック可能な「数」または「スペース」を決め、それ以上は処分

（3）定期的に「要」「不要」をチェックする
　　● 忘れないよう何かの記念日か12分割チェック法（☞P41本章「チェック！」参照）で処分

（4）家の中の「ゴミ箱」を増やす
　　● 不要な物を即処分しやすいよう、ゴミ箱を廊下や階段、部屋にも1つと限らず置いておく

（5）不要な物を処分する担当者を決める
　　● 「場所別」または「物別」で不要な物は責任を持って処分する人を決める

2　片づけ

📕 ノート　整理作業と処分の仕方

いる物	1 よく使う 2 ときどき使う 3 めったに使わないけど、必ず使う	残す
いらない物	1 売る（リサイクルショップ、フリーマーケット、バザー） 2 譲る（親戚、友人、ご近所・ボランティア団体への寄付） 3 捨てる	処分
迷った物	目につくところに置いておき、期限を決め再度見直す 過去を振り返って、なぜ買ったのか、なぜ使っていないのかを考え、答えに「使う」が見つからない物は処分。	仮置き

収納スペースのあり方を明確にする

収納を考える前にまず、決めておかなければならないことは、下記に示した、どのタイプの「収納」にするかです。

①物の量に合わせて収納スペースを増やす（つくる）

物が増え過ぎないように心がけることが重要。
たとえば、1年に1度は不要な物をチェックし、処分する「棚卸し」のような作業で、「セルフコントロール」をすることが必要。

②今の収納スペースに合わせて、物の量を制限する

収納スペースが少ない場合、物を詰め込み過ぎないよう注意が必要。
たとえば、洗剤や調味料など消耗品をコンパクトサイズの物にしたり、ストックは「1つ」と決め、ストックを使い始めたら次のストックを用意する。
また、1つの鍋でいろいろな調理ができる物を選び、調理道具の種類を少なくするなど、スペースと物とのバランスを工夫することが必要。

③物を持つ「数」を決め、それ以上持たない

新しい物を1つ買ったら、古い物から1つ処分し、必ず一定量を保つようにするなど、自分のライフスタイルを熟知し、かつ「セルフコントロール」をしっかりすることが必要。

上記の①〜③の中で、一番取り組みやすい「収納」は②です。

物の「量」を制限することで、室内が広く使えるだけでなく、自分の暮らしに必要な物の「優先順位」「適正量」が分かってくるようになります。漠然と希望する暮らしを思い描いても、住空間には限りがあります。そのため、どのタイプか明確にすることで、希望する暮らしの「ゴール」のイメージがしやすくなり、納得した暮らし方と住空間を実現しやすくなります。

6.収納とは？

「収納」とは、必要な物を使いたい場所、使うべき場所に配置し、出し入れしやすく、使いやすい「**指定席**」をつくること。

整理し終わった物を「**よく使う**」「**ときどき使う**」「**めったに使わない**」に分け、**使用頻度**によって、最終的な「指定席」を決めていきます。

このとき、それぞれの家庭の生活スタイルや体格などを考慮しながら限られた空間をできるだけ有効に使えるように心がけることが必要です。

物の指定席の決め方の基本

「物」の指定席は「物」が教えてくれる

STEP 1 使うところに使う物を収める ＝ 行き場が決まる

洗面所で使う物 ➡ 洗面所へ
キッチンで使う物 ➡ キッチンへ

STEP 2 使用頻度で収納位置を決める ＝ 最終的な物の「指定席」となる

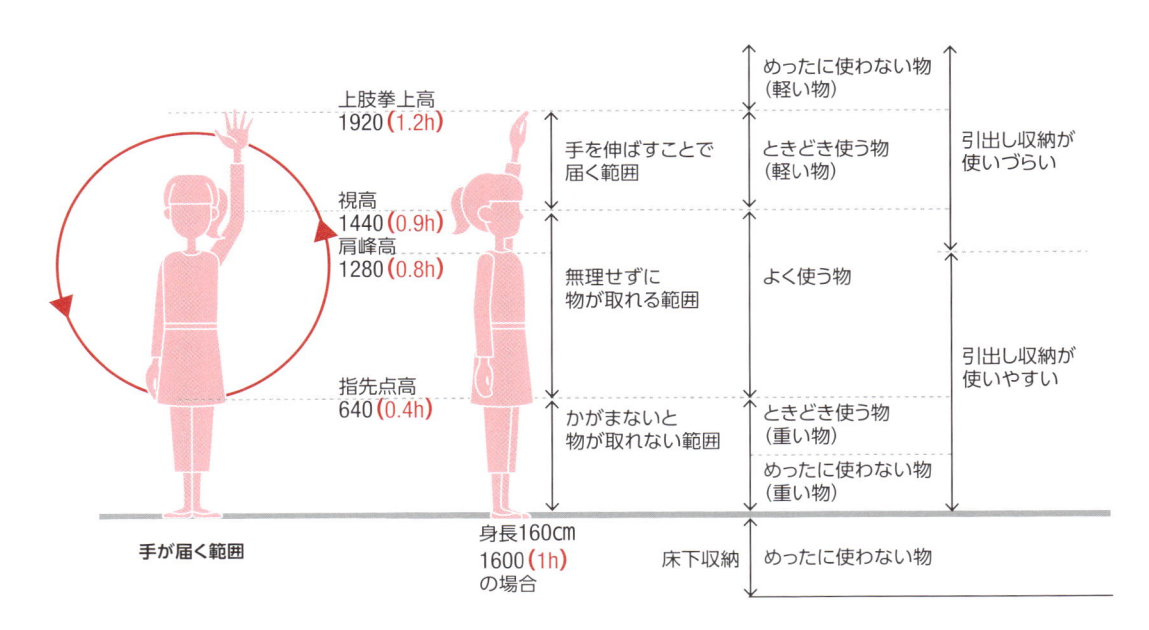

高さ	範囲	収納する物	引出し収納
上肢挙上高 1920 (1.2h)	手を伸ばすことで届く範囲	めったに使わない物（軽い物）／ときどき使う物（軽い物）	引出し収納が使いづらい
視高 1440 (0.9h) / 肩峰高 1280 (0.8h)	無理せずに物が取れる範囲	よく使う物	引出し収納が使いやすい
指先点高 640 (0.4h)	かがまないと物が取れない範囲	ときどき使う物（重い物）／めったに使わない物（重い物）	
身長160cm 1600 (1h) の場合	床下収納	めったに使わない物	

手が届く範囲

| 人体寸法と高さによる収納スペースの関係 |

分散収納と集中収納

　個人の物やキッチン、トイレ用品など、使う場所が決まっている物は収納の基本である「使うところに使う物を収める」ことが重要です。

　しかし物には工具類やスーツケースなど、使う場所が決まっていない物や家族共有で使う物があります。また、決まった行事や季節だけにしか使わない物があり、これらの物も必要なときにスムーズに取り出せるようにしておくことも大切です。

　そこで、こういった物を下記の2つの収納形態に分けてみると収納場所を決めるときの目安となります。

＜分散収納＞ ＝ 「使うところに使う物を収める」

- 各自の部屋に各自の物を収納 ➡ 主寝室　子ども部屋
- 決まった役目のある部屋（場所）に関連用品を収納 ➡ リビング　ダイニング　トイレ　洗面所　キッチン　玄関

＜集中収納＞ ＝ 「収納場所がはっきりしていない物」

- 家族共有の物——季節用品（季節家電・雛人形・クリスマス用品・レジャー用品・工具類）
- めったに使わない物——来客布団・ストック品
- 処分する物——バザー用品・新聞・雑誌
- とりあえず置き場——頂き物・預かり物

➡ 押入れ　物入れ　納戸

4つの収納条件

　収納スペースは、たくさんの物を収納することが一番の目的ではなく、大切な財産である「物」を適切に保管できることが、なによりも重要です。そのため以下の4つの条件をそろえるようにしましょう。

① 出し入れがしやすいこと
必要に応じて収納家具、用品、道具を組み合わせて、収納したい物の出し入れがスムーズであること。

② フレキシブなシステム
収めたい物や収納スペースの使い方を変えたいときにも無理なく変更できるシステムであること。ライフスタイル、ライフステージの変化に対応できること。

③ 保管状態が良好なこと
日光が当たり過ぎず、ほこりが少なく溜まりにくい工夫があること。

④ 掃除がしやすいこと
収納スペースや使用されている収納家具、用品、道具の手入れがしやすいようになっていること。

代表的な収納方法

いろいろな収納のアイデアは下記の「代表的な収納方法」が基本となります。

これらの「収納方法」を足したり、引いたりすることで、いろいろな場合に臨機応変に対応できる「力」がつきます。

①置く

棚などに乗せる、最も単純な方式。
単純な分、工夫や道具が必要ないため長続きする最良の方式。
〈例〉靴、本、食器、花瓶

②重ねる

重ね置きできる道具としては、「箱」が中心となり、スタッキングができる道具もたくさん売られている。重ねることでスペースの節約になり、ほかの収納道具をあまり必要としないシンプルな方式。
〈例〉収納ケース、書類、食器、靴箱、イス、布団

③折りたたむ

収納する場所より「物」の方が大きい場合や、サイズがまちまちの物をそろえ、収納率を高めるのに有効な方式。
〈例〉セーター・シャツ、寝具のカバー、タオル、靴下・下着

④巻く

まとめるための方式。
〈例〉大きな物をコンパクトにまとめる➡カーペット、すだれ、掛布団
長い物をコンパクトにまとめる➡ネクタイ、ベルト、靴下

⑤掛ける（吊す）

洋服をパイプに掛ける、家具の壁面、扉の裏などを利用するのに効果的な方式。
タオルハンガーやフックその他を利用し、ちょっと掛けに活用。
〈例〉細長く自立しにくい物➡ベルト、ネクタイ、ショール
形が不安定な物➡トートバッグ、帽子、アクセサリー、時計

⑥立てる

重ならず、1つひとつが独立して収納されているため、どこに何があるのか確認しやすい方式。ただし、転倒やズレを起こさない工夫が必要。　〈例〉皿、Tシャツ、セーター、ハンカチ

⑦仕切る

物が混在しないようにグループ分けする方式。
「どこに」「何が」「どれだけ」あるのか分かりやすく、管理しやすい方式。　〈例〉引出し、棚の中、書類の仕分け

見せる収納・隠す収納

収納スタイルとして「見せる収納」と「隠す収納」の2つがあります。両方のメリット・デメリットを考えて、どちらにするかを選択します。

	メリットと注意点（➡）	デメリットと注意点（➡）
見せる収納	個性のあるインテリアで住空間を演出できる また、物の置き場が確認しやすい ➡ 質感、色をできるだけそろえる ➡ テイストに統一感をもたせる ➡ 飾り過ぎないようにする	掃除に手間がかかる
隠す収納	掃除に手間がかからない 生活感やまとまり感のなさを隠せる	物をしまいこむことで、「死蔵品」「行方不明」を起こしやすくなる ➡ 収納した物を把握しやすい工夫をする

■ 見せる収納

①台に乗せる

靴箱やTVボード、ダイニングやテーブルの上などについ置いてしまう小物類。こういった小物類がその部屋を散らかった印象にしてしまいます。

そのような場合に有効なのが、「ランチョンマット」「トレイ」「浅いカゴ」などを台にして、小物類を「まとめて置く」方法です。

台に乗せ1つにまとまることで「散らかり」や「だらしなさ」が一掃され、片づいた印象に見えます。

②「そろえる5つの要素」で見た目に美しく見せる

カゴやボックス、その他の収納道具を「色、大きさ、形、素材、テイスト」の「そろえる5つの要素」で統一感を出すようにします。

見た目にスッキリ見えることで、片づいた状態を維持したい気持ちが働き散らかりにくくなる効果があります。

③並べるときは「ストレートライン」を意識すること

出したままで使っている物は1列にまっすぐ並べ「ストレートライン」をつくるようにします。まっすぐ並べることで目線がもたつかずスッキリ見えるだけでなく、住む人の暮らしを大切に思う気配りや意志が感じられる素敵な空間になります。

■ 隠す収納

①見える化させる

収納スペースの「どこに」「何を」収めたのか、家族全員が常に覚えていることはなかなかむずかしいと思われます。

そのため、カゴ、ボックス、引出しなどの中に収納されている物が、外からでも、分かりやすい工夫が必要です。下記①〜④はその方法の一例です。

①ネームプレートをつける
　➡色や形の豊富なネームプレートを吊ったり、シールを貼るなど中身が確認しやすいようにする。

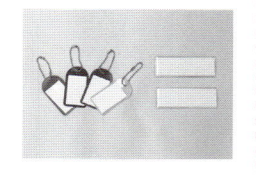

②色別にする
　➡たとえば、タオルを色別にし、使う場所の違いや誰の物かが色で分かるようにする。

③クリアー系の収納用品や道具を使用
　➡外から見て中身が確認しやすいようにする。

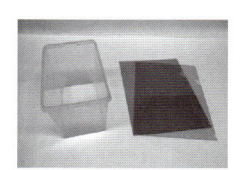

④メッシュ系のカゴやボックスを使用
　➡ある程度中身を隠しながらも外から確認できるようにする。

また、家具の中に収納されているさまざまな物を、扉裏にメモを貼ったり配置図をつくって家族が分かるようにしておきます。

このとき、防犯上、貴重品は記入しないようにします。

②色を隠す

たくさんの色が無秩序に点在している状態、いわゆる「色の氾濫」は片づいて見えない一番の原因となります。

写真のように、扉1枚で隠すだけで部屋の印象は大きく変わります。

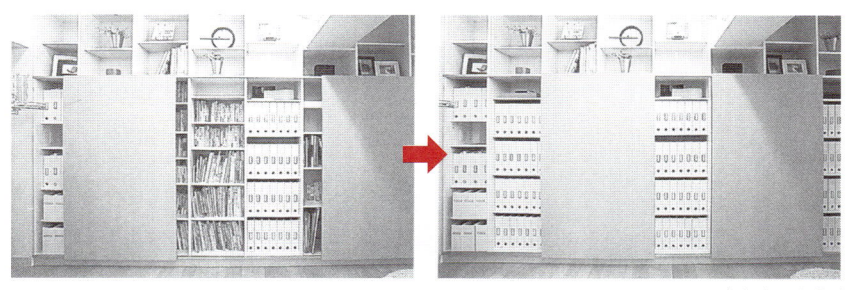

| 左右とも Ⓚ |

2 片づけ

出し入れに手間がかからない収納方法の基本

■ アクション数が少ない収納

人は誰でも使った物を元へ戻すことを結構面倒に感じるものです。

そのため、出すときはもちろん元へ戻すアクションが少ない工夫をすることがポイントになります。

〈例〉
- オープン棚　　①物を取り出す
- 引出しケース　①引出す　➡　②物を取り出す
- 収納ケース　　①引出す　➡　②フタを開ける　➡　③物を取り出す

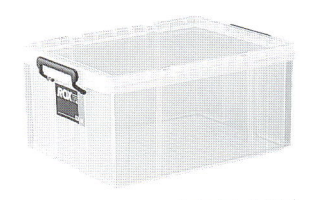

| 左右とも天 |

ワンアクション増えても「収納ケース」や「フタ付き」の方がよい場合もあります。

たとえば、オフシーズンの物や長期保管の物もほこりや防虫剤を効かすためには、フタ付きの方がよいでしょう。その場の条件に合わせて適切に判断することが大切です。

■ グループ収納

家の中で家事や用事をするとき、必ず一緒に使う物は同じグループの物と考え、カゴやバスケットに一緒に収めるか、すぐそばに収納しておくこと。

1つひとつ出し入れする手間がはぶけ、作業も在庫管理もラクになります。

〈例〉
- 仏祝儀袋＋筆ペン
- 掃除道具（いつも使う定番物をバスケットにまとめておく）
- 朝食セット（洋:マグカップ、サラダ小鉢、パン皿、フォーク、スプーン）
- お弁当用品（お弁当箱、魔法瓶、お箸、飾り小物）

> **収納計画**

　各家庭により、家の広さや間取り、家族構成やライフスタイル、持ち物の内容や量が違うため、「物と上手に付き合う」ためには、それぞれの暮らし方に合った、オーダーメイドの「収納計画」が必要となります。「収納計画」は5つの手順で進めていきますが、1～4までは、物を動かしたり、収納家具や用品、道具を移動したりせず図面の上だけで計画を進め、必要な収納道具を用意した後、計画通りに一度に移動させます。また、収納道具をあとで考えながらそろえたい人の場合は4と5の間で物を移動させ、仮置きし、暮らしながら整えていくとよいでしょう。

■ **収納計画5つの手順**

手　順
1　どのように過ごしたいか　（部屋の役割）
2　何が必要か　（家具・生活用品）
3　どこに置くのか　（配置）
4　どのくらい使うのか　（使用頻度）
5　どんな方法で収めるのか　（収納方法）

ここでは1つの家族を例に「収納計画」の進め方を説明します。

〈例題　主寝室〉
- 住居＝2LDK／マンション
- 家族構成＝夫（40歳）、妻（37歳）、
　　　　　　子ども（10歳、女子）
- 「収納計画」の場所＝主寝室
- 希望＝・主寝室の不要な物を処分してスッキリ
　　　　　とした部屋にしたい
　　　　・寝る前の時間をゆっくり過ごしたい
　　　　・ベッドでの寝起きをスムーズにしたい

図面を活用するメリット
- ブツ切りの時間の作業が可能になる。道しるべがあるのでいつでも中断でき、普段の生活を崩さずに空いた時間を有効に使える
- 家族に説明や相談をしやすく、理解や協力も生まれる
- 不必要な収納道具や家具を購入することなく、コスト調節しながら道具選びができる

　　図面については付録（P152）参照

	手順	例題＝主寝室
①	**どのように過ごしたいか（部屋の役割）** ・希望する「過ごし方」を具体的に書き出す	〈主寝室〉——希望する過ごし方 | 過ごし方 | 希望 | |---|---| | ㋐寝る | ベッドでの寝起きをスムーズにしたい | | ㋑身じたく | コート（玄関脇に収納）以外の洋服や身に着ける小物類をすべてクローゼットの中に収納したい | | ㋒くつろぐ | ベッドに横になってTVを見たり、音楽を聴いたりしながら、読書がしたい |
②	**何が必要か（家具・生活用品）** ①で希望する「過ごし方」に必要な家具や生活用品を書き出す	〈主寝室〉—— 収めたい家具や生活用品を決める | 過ごし方 | 家具 | 生活用品 | |---|---|---| | ㋐寝る | ・ダブルベッド（収納付） ・ナイトテーブル | ・寝具一式 ・ナイトスタンド | | ㋑身じたく | ・クローゼット | ・夫婦の洋服 ・下着 ・靴下 ・ハンカチ ・身に着ける小物 ・カバン | | ㋒くつろぐ | ・多目的棚 | ・本 ・雑誌 ・手紙 ・思い出 ・夫婦の趣味のカメラと写真 ・家の書類関係 ・化粧品ストック | | | ・スチールラック | ・TV ・AV機器 ・CD ・アロマ関係 | | | | ・シーズンオフの寝具類 ・スーツケース |

③ **どこに置くか（配置）**

①希望の過ごし方を部屋の4隅に振り分ける

↓

②⑦〜⑦に必要な家具を平面図上に配置する

※平面図＝建物を上から見た間取り図。扉、窓、家具の配置が書かれている

⑦寝る	⑦身じたく	⑦くつろぐ	⑤出入口
廊下から見えにくいため	W/Cがある隅のため	残った隅のため	部屋の隅にある出入口は4隅の1つとして考える
●ダブルベッド ●ナイトテーブル		●多目的棚 ●スチールラック	

平面図

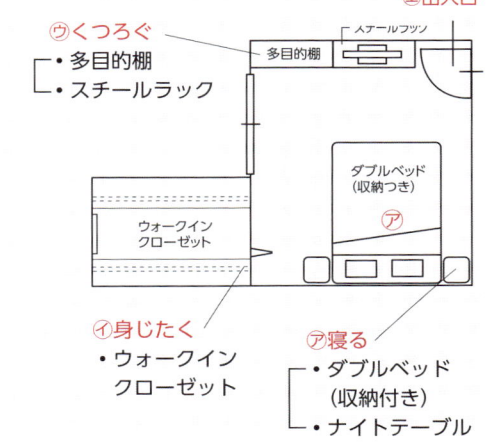

⑦くつろぐ
・多目的棚
・スチールラック

⑤出入口

⑦身じたく
・ウォークインクローゼット

⑦寝る
・ダブルベッド（収納付き）
・ナイトテーブル

〈ポイント〉
希望する過ごし方が4つ以上ある場合、部屋のいずれかに「間仕切り」をし、新たな「隅」を設ける

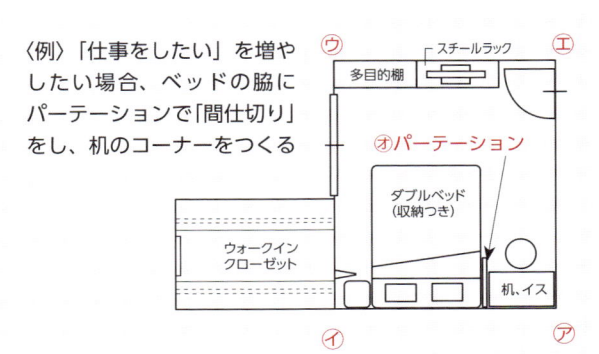

〈例〉「仕事をしたい」を増やしたい場合、ベッドの脇にパーテーションで「間仕切り」をし、机のコーナーをつくる

⑦パーテーション

2 片づけ

37

④ **どのくらい使うのか（使用頻度）**

②で書き出した
生活用品の使用頻度
- よく使う
- ときどき使う
- めったに使わない

に合わせて最終的な指定席（高さ）を決める

③の平面図の家具を展開図に書き、位置を決めていく

※展開図＝各部屋の中央から4面（東西南北）の壁面を見た図で、窓やドア、家具などが書かれている。「家具の配置と見た目のバランス」「収納家具、収納用品、収納用品など"物"の指定席の決め込み」を確認するために活用する

〈主寝室〉── 多目的棚やスチールラックに収めたい物の使用頻度（高さ）に合わせて置く位置を決める

〈多目的棚に収めたい物〉

家具の位置	使用頻度（高さ）	生活用品
1段目	めったに・ときどき	・家の書類関連 ・手紙　・思い出
2段目	よく	・本　・雑誌
3段目	よく	フリースペース

> **夫婦で半分ずつ自由に使うスペース**
> 例・次の日必要な物をセットしておく
> ・日常の小物置き―財布　時計　鍵

家具の位置	使用頻度（高さ）	生活用品
4段目	ときどき	夫婦の趣味 ・カメラ　・写真
5段目	めったに・ときどき	・化粧品のストック

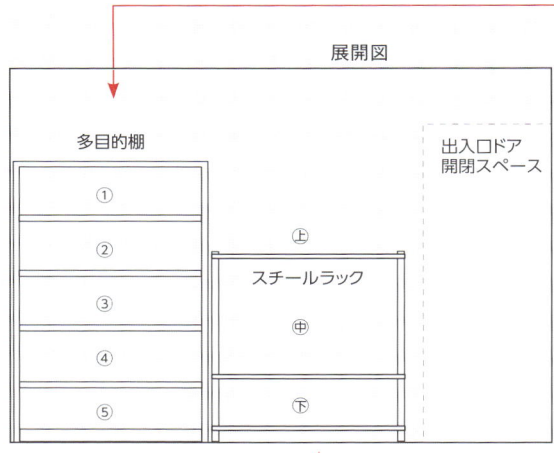

展開図

多目的棚（①②③④⑤）　スチールラック（上・中・下）　出入口ドア開閉スペース

〈スチールラックに収めたい物〉

家具の位置	使用頻度（高さ）	生活用品
上段	よく・ときどき	CD
中段	よく	TV
下段	ときどき	AV機器

※スチール棚を1枚外して使用

〈主寝室〉
- 移動し、必要な収納用品や道具を決めるまでは仮置きする（不便があれば身近な紙袋・ダンボール・空箱などの道具を利用しておく）

⑤ **移動（セッティング）**

- 平面図と展開図をもとに家具や生活用品を移動させる

⑥ どのような方法で（収納方法）

仮置きした必要な生活用品をどのように出し入れしたいか収納方法を検討。
仕切る・引き出す・丸める・掛ける……を決め、必要な収納用品や道具を購入し、セッティングする

〈主寝室〉── 収納方法の検討
※生活用品を仮置きしている状態で必要と思われる収納方法を検討する

〈多目的棚〉

収納方法の検討

家具の位置	生活用品 ▶	方法 ▶	購入したい収納用品・道具
1段目	・家の書類関連	立てる	・バインダー、クリアファイル
	・手紙 ・思い出	重ねる	・フタ付き浅型ボックス
2段目	・本 ・雑誌	立てる 仕切る	・ブックエンド
3段目	フリースペース	まとめる	・浅型トレイ
4段目	夫婦の趣味	まとめる	・フタ付きのボックス
5段目	ストック品	まとめる	・フタ付きのボックス

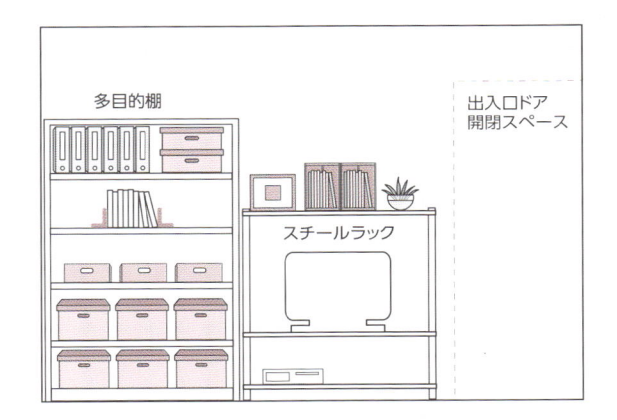

〈スチールラック〉

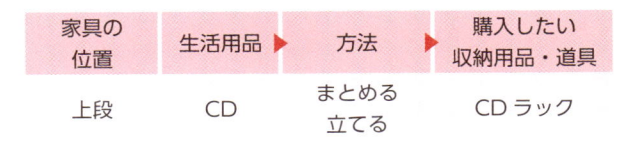

家具の位置	生活用品 ▶	方法 ▶	購入したい収納用品・道具
上段	CD	まとめる 立てる	CDラック

※収納用品・道具を決める手順

①収めたい物のサイズを測り、量を確認する
↓
①収納したい場所の内外の寸法を測る
↓
①希望の収納方法に適した収納用品・道具の購入

2 片づけ

7.整頓とは？

整頓とは、使うために出した物を元へ戻すことであり、「整理」「収納」で得られた快適な空間を維持する作業のことです。

使うために出した物を元に戻さなければ、どんなによい収納計画で収納スペースをつくって室内を整えたとしてもまたすぐに散らかってしまいます。そのため人それぞれの性格や生活状況に合わせて、無理なく元に戻す作業ができるように、「**そのつど整頓**」と「**集中整頓**」の2つの方法で管理します。

①そのつど整頓……使ったあと、すぐ元に戻す
②集中整頓……使ったその日のうち、あるいは1〜2日中に集中的に元に戻す

仕事や家事の忙しさだけでなく、子育てや介護など、家族に合わせた時間の過ごし方をしなければいけないときでも、その時どきの状況に合わせて①②を選択しながら「整頓」が無理なくできれば、長く続けられることにもなり、習慣化にもつながります。

ノート　散らかりにくくする工夫を寝る前の習慣に

リビングと玄関はできるだけ整えておく

家に帰ってきたときや朝起きたとき、玄関やリビングが散らかっていると、「散らかっていても平気な家」という印象を家族に与えてしまいます。とくにこの2カ所は家族のパブリックスペースであり、それぞれの家庭での暮らしに対する思いや姿勢が表われやすい場所なので、この2カ所が散らかると家全体も散らかりやすくなります。そこで寝る前のほんの短い時間でよいので、次のことを心がけましょう。玄関・リビングを視覚的にすっきりさせるだけで、家族みんなの意識も変わり、家全体が散らかりにくくなってきます。

玄関を整えるだけ
- 靴をそろえる
- 玄関マットやスリッパをそろえる

リビングを整えるだけ
- テーブルの上のコップや茶碗はキッチンに運ぶ
- 読み終わった新聞、チラシはテーブルの隅にそろえる
- 脱ぎっぱなしの服は、リビングの一角に箱やカゴを置いてその中に入れる
- ソファのクッションやラグを正しい位置に戻しておく

☑ チェック！

12分割チェック法

　ここではこれまで紹介した「整理→収納→整頓」を一通り実践したあと、効率よく家を管理できる「12分割チェック法」を紹介します。

　1カ月に1カ所ずつ、12カ月でチェックすることで大掃除の負担が少なくなります。その上、どんな物をどのくらい持っているか、物の把握（はあく）がしやすくなります。

　マンションの3LDKを例にして、12分割の振り分け方をご紹介します。

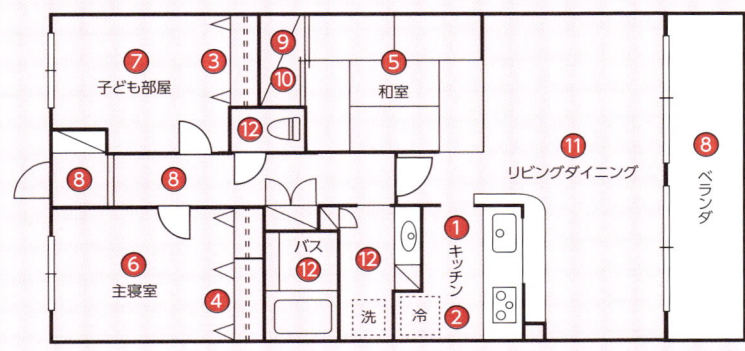

例:3LDKのマンション

※❶〜⓬は、月別作業を表わしています

❶月	キッチン（システムキッチン）	クリスマス・お正月のあと片づけを兼ねる
❷月	キッチン（食器棚・食品庫まわり）	
❸・❹月	クローゼット	衣替えに合わせる
❺月	和室	ほとんど不用品の出ない場所なので、GWなど休みに充実させる
❻月	主寝室	梅雨の外出の少ない時期にする
❼月	子ども部屋	夏休みが始まったら子ども自身に片づけさせる
❽月	玄関／ベランダ／廊下	靴の虫干しも兼ねる
❾月	押入れ（天袋）	湿気の少ない時期にする
❿月	押入れ（上段・下段）	
⓫月	リビングダイニング	12月、1月の来客にそなえる
⓬月	トイレ／洗面所／バス	水まわりは、大掃除のついでに効率よくすませると相乗りで簡単

2 片づけ

3 収納スペースについて

- 家具を工夫して収納スペースを増やす
- 使いづらい収納スペースを出し入れしやすいスペースにする
- 収納スペースをつくるためのいろいろな道具

　不要な物を処分して、必要な物だけになったら、次はそれらを収納するスペースについて考えます。とくに収納スペースを増やさなくても、工夫次第で収納量を増やすことができます。しかしそれだけではどうしても収納しきれない場合は、新たに必要な量だけ収納スペースをつくります。そしてそれを形にするための道具類に関する知識や使いこなす技術も身につけることが大切です。

1.収納スペースのつくり方

　今ある家具に収納用品や収納道具を効率よく活用したり、今の位置を少し変えるだけで新たに収納スペースをつくり出すことができます。これらの知識は、限られたスペースでの収納提案にとても有効ですが、注意しなければならないのは、必要以上に収納スペースを増やさないことです。

☞収納スペースが増えたことにより室内が狭くなってしまうだけでなく不要な「物」を増やしてしまう原因になる

収納条件について

「収納条件」とは、収納スペースの質を明確に判断するための「基準」であり、収納スペースをつくるときのガイドラインとなります。
収納スペースを考えるときに、以下の4つがそろうよう心掛けます。
（☞P30第2章「4つの収納条件」参照）

①	②	③	④
出し入れがしやすいこと	フレキシブルなシステム	保管状態が良好なこと	掃除がしやすいこと

家具の一部を活用する

　家具の上の空間以外にも以下の3つのスペースを活用すれば新たな収納スペースをつくることができます。①～③では、各場所の1例を説明しますが、いろいろな使い方ができます。

①家具の扉裏活用

ワンアクションで扉を開けるという行為で
- 使いたい「物」
- 収納している「場所」

2つが一緒に目の前に出てくる

扉の開閉で
- 使わないとき「隠す収納」
- 使う物とき「見せる収納」

2つの収納スタイルを両立

「収めたい物」と「収納道具」の組み合わせで最適な収納スペースとなる。

〈使用例〉　書類ケースを粘着タイプの面ファスナーで固定し、脱着が自在にできる収納

家具の扉裏

②家具の側面利用

正面から少し目線が外れる位置のため、収納道具の使い方を工夫すれば生活感のでやすい物の指定席として、使いやすい場所といえる。

置きっぱなしになりがちな帽子・カバン・ベルトなどの指定席に向いている。

〈使用例〉　粘着フックでワイヤーネットを固定し、ネット用小物でベルトとストール、洋服ブラシを引っかけて収納

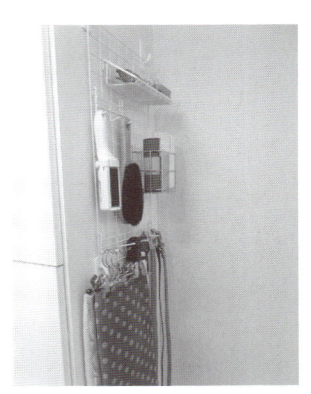

主寝室の整理ダンスの側面

③家具の裏面利用

家具を室内の間仕切りとして利用する場合、転倒防止に気をつけ裏面を収納部材で加工し「新たな壁面」として部屋にあった使い方ができる収納スペース。

右下の写真のように家具の裏面では、収納家具を最小限におさえながら限られた空間を最大限に利用することができる。

〈使用例〉　洋服ダンスの間仕切り家具の裏のベッドコーナーにパジャマの指定席として利用

大型の洋服ダンスの裏面

| 上下ともⓀ |

3 収納スペース

家具を移動させる

■ 家具を移動させることで新たな収納スペースをつくる方法

① 家具の横を利用

〈 平面図 〉　〈 正面から見た図 〉

② 家具の後ろを利用

〈 平面図 〉　〈 正面から見た図 〉

使うときは引出して使う

使わないときはグリーンなどを置くと目隠しになる

③ 家具の下を利用

〈 正面から見た図 〉

④ 家具の上を利用

〈 正面から見た図 〉

⑤ 家具と家具を離して、その間の空間を利用

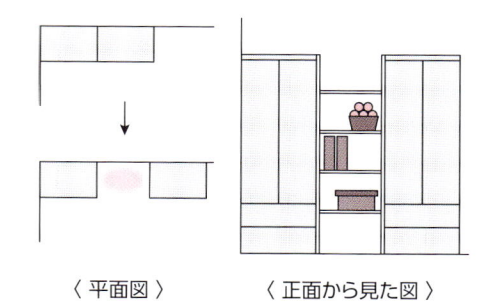

〈 平面図 〉　〈 正面から見た図 〉

①家具を壁から離して、家具の横を収納スペースにする。
②家具を壁から離して、家具の後ろを収納スペースにする。
③家具を持ち上げ、家具の下に収納スペースをつくる。
④背の低い家具を壁側に移動させ、上を収納スペースにする。
⑤家具を左右に分けて、家具の間を収納スペースにする。

〈①〜⑤の収納スペースを活用した棚の例〉

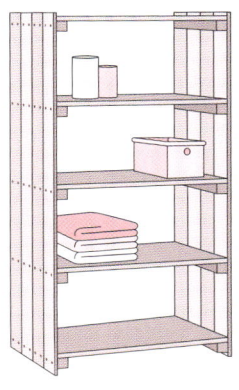

〈すのこを活用した棚〉
①④⑤
壁と家具をストッパーにしてすのこを立て、サイズに合わせた棚板（すのこも可）を設置すればクギやネジで固定することなく棚として使える。
②③
クギやネジですのこと棚板（すのこも可）を固定し、キャスターや取っ手をつければワゴンとしても活用できる

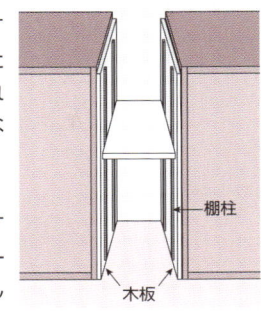

〈棚柱を利用した棚〉
①②④⑤
壁や家具の間に棚柱をつけた木板を向かい合わせに立て、すき間サイズに合わせた棚板を用意すれば棚柱で棚板の高さが調整できる。

📝 ノート　　棚と奥行き

収納スペースを構成する代表的な物に「棚」があります。
棚使いの基本は「収納する物の大きさに合せて棚の奥行きを決めること！」。
これが重要なポイントです。

①奥行き130㎜の場合
- 液体調味料（1ℓ）＝82×82×266
- シャンプーやリンスの大＝120×70×250
- トイレットペーパー＝φ114×120（φは直径）
- 洗濯洗剤（液体）＝125×85×300
- 特大ボトル＝160×110×300（横置きにすると110となる）

などが収納できます。
奥行き130㎜の棚は水まわりの「キッチン」や「洗面所」「トイレ」などの場所に有効であり、無駄の出ない効率的な寸法といえます。

②奥行き400㎜の場合
- スーツケース
- 電子レンジ
- 寝具類、座布団
- 季節物（五月人形、雛人形、クリスマスツリー）

など、①の生活用品以外のだいたいの物が収まります。
物の寸法に合わせた棚は出し入れしやすく、スペースに無駄のないすぐれた収納アイテムです。

2. 収納スペースの使い方

ここでは、物の出し入れのしやすさにポイントを置いた、収納スペースの使い方を3タイプ紹介します。

半間使い

半間のような間口が狭く奥行きが深い物入れの場合、奥行きに合わせた棚板を設置してしまうと奥の物が出し入れしづらいだけでなく、棚板自体も大きく重いため、棚位置を変えるのも困難な使いづらい収納スペースになってしまいます。

同じ半間でも、ここで紹介する物入れは「**収納条件**」（☞P30第2章参照）を十分に満たした使い勝手のよい収納スペースです。

■ 棚柱の8本使いで4つの空間をつくり出す

棚柱とスチールパイプと棚板だけの最もシンプルな構成です。

合計8本の棚柱の位置の工夫で、自由自在に棚板やパイプを組み合わせることができるフレキシブルな収納提案ができます。またパイプや棚板の増減が自由にできるので、ライフスタイルやライフステージの変化に無理なく対応できる収納システムです。

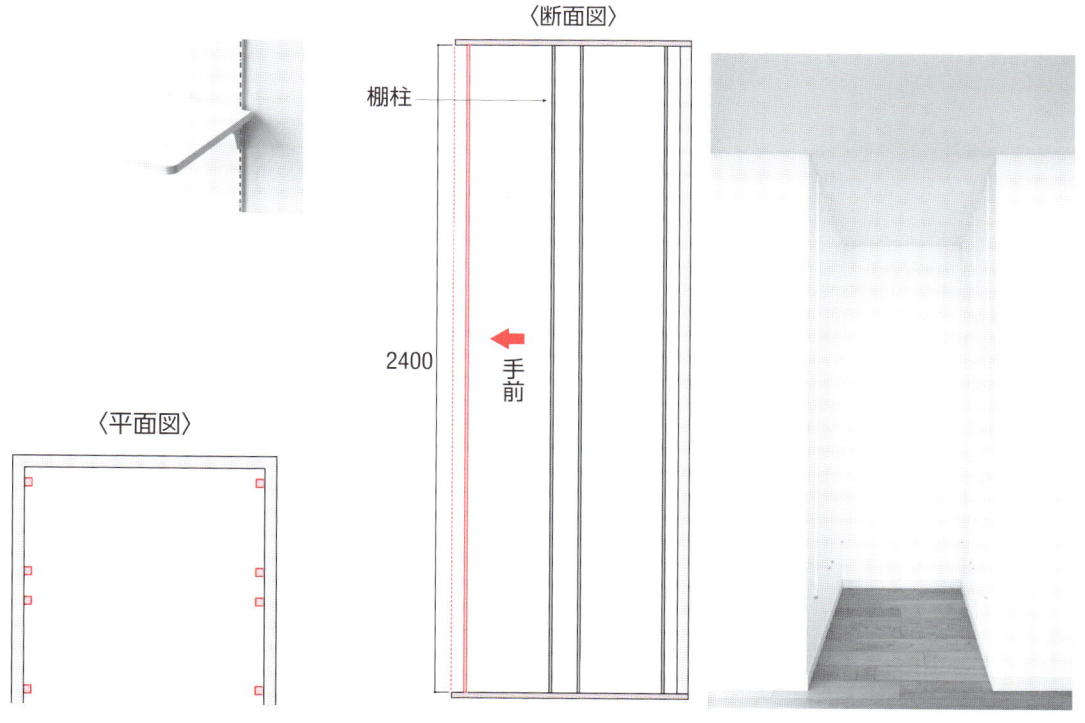

〈断面図〉

棚柱

2400

手前

〈平面図〉

| 大和ハウス工業と近藤典子Home&Life研究所の共同開発商品です（特許出願中、2014年8月現在） |

この半間の使い方は次の4通りに変化できます。

〈①上下2段、後ろにもパイプをつけて「クローゼット使い」〉
　棚柱とパイプだけのシンプルな構成で「掛ける」に特化したクローゼットとして使います。前から2本目の棚柱に上下2本のパイプをつけ、上にはトップス、下にはボトムスを収納。いちばん奥の棚柱にもパイプをつけてめったに着ない服の指定席に。サイドのパイプはスカーフやネクタイ、小物類の指定席とする。

〈②同じ幅と奥行きの棚板を前後2枚使う「前後棚収納」〉
　前後の棚板の高さをそろえることで、五月人形や雛人形など大きい物を収納できる。棚板を段違いで使うときには、手前には使用頻度の高い物、奥には使用頻度の低いめったに使わない物や、扇風機やストーブなど季節の家電置き場とする。

〈③ふだん使いの物の置き場には取り出しやすい「L字型収納」〉
　ひと目で何がどこにあるか見渡すことができ、半身を入れることによって物が出し入れしやすい収納システム。右利きの人には、手前につける棚を左に、左利きは逆に。より使いやすくなるよう利き手によって棚の位置を変えられるのも特長。

〈④敷き布団を縦に収納する「押入れ使い」〉
　敷布団の幅は1000㎜あり、半間の押入れでは寝かせて収めることができないため、縦に収納することで出し入れしやすい提案ができます。押入れと同じ機能をもちながら棚板の組み合わせで寝具のほかに、パジャマや座布団などが収納できるシステムです。また、通気性を考慮してすのこタイプの棚板を利用している。

①クローゼット使い　②前後棚収納　③L字型収納　④押入れ使い

大和ハウス工業と近藤典子Home&Life研究所の共同開発商品です（特許出願中、2014年8月現在）

3　収納スペース

コーナー使い

　コーナーに収納スペースをつくる場合、室内に張り出した一角が人の動きのさまたげになったり、見た目の圧迫感など、思いのほか邪魔になることがあります。ここでは部屋の形に合わせた無理のないコーナー使いをご紹介します。

①コーナーの使い方

　収納スペースを部屋のコーナーに合わせて直角につくる場合、一方の壁面に沿った収納面には、洋服などの掛けたり取り出したりする物の置き場にする。そうすることでもう一方の壁面に設置した棚に収めた物の出し入れがしやすく、使いやすいコーナー収納となる。

②直角に張り出したコーナー使い

　直角に張り出したコーナーの場合、両壁の棚を部屋の角に合わせた棚板で連結させる。それぞれの物の出し入れが無理なくできるだけでなく、壁や柱の出っ張り感も軽減される。それぞれの棚に扉やパイプ、デスク機能を加えるなど、工夫が楽しめるコーナー使いができる。

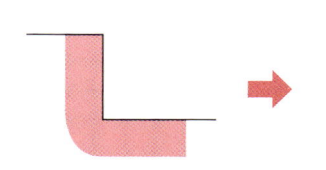

| 上下ともⓀ |

③コーナー物入れ

　半間の物入れの一角を斜めにカットし、ドアを取り付けることで狭い空間を有効に使える「コーナー収納」として利用できる。中の棚をL型に設置することで物の出し入れがしやすく使いやすいスペースとなる。

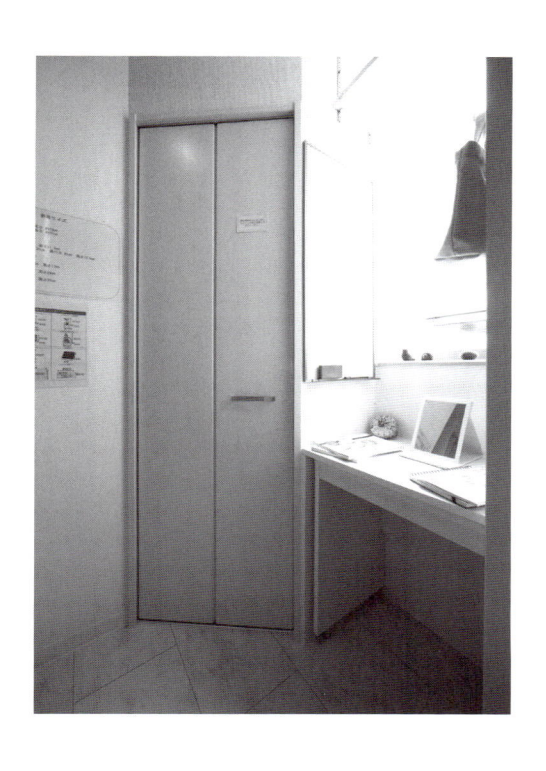

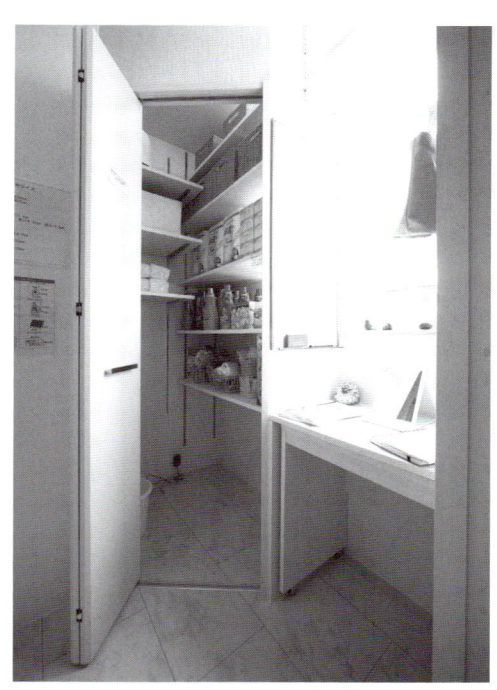

| 小松ショールーム |
| 左右とも石友リフォーム Ⓚ |

④折りたたみ式コーナー使い

　キャスター付きの折りたたみ式収納は、広げて目隠しのパーテーションとして使ったり折りたたんで部屋の圧迫感を出さないようにするなど、限られた空間を生かせるコーナー使い。小スペースながら身につける小物や紙類、本、CD、その他の小物収納に適している。

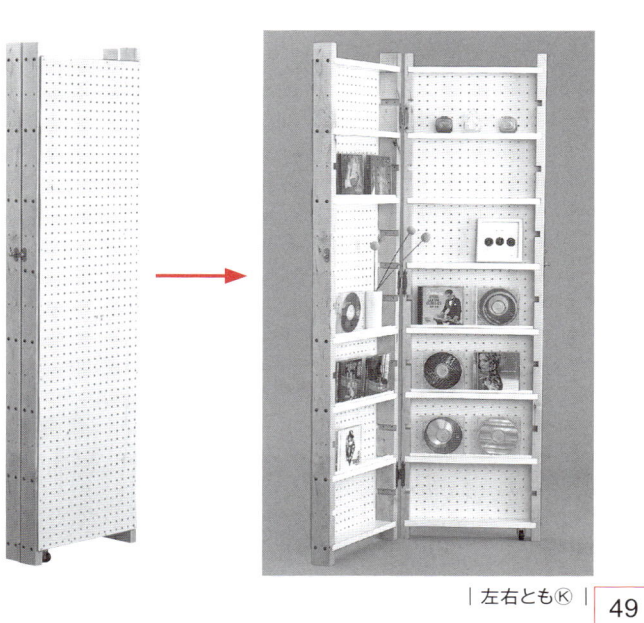

| 左右ともⓀ |

3 収納スペース

⑤コーナー2面使い

　納戸や物置きでも大きな物の出し入れは、しづらいことがありますが、扉が「八」の字に開くことで、奥の物もスムーズに出し入れできる。

　収納スペースいっぱいに物を収めた場合でも、キャスター付きの棚やワゴンを活用すれば、簡単に奥の物も出し入れでき、限られた空間を十分活用することができる。

| ソウルショールーム |
| 旧 KOLON E&C Ⓚ |
| 左右とも䚁 |

2面扉使い

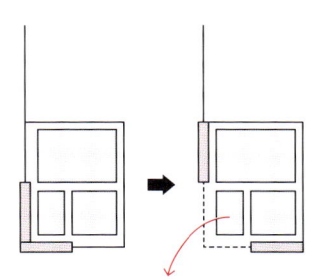

2面の扉が「八」の字に開いて、
奥の物の出し入れがしやすい

ノート　350の法則

フレキシブルに使える物入れをつくるために、「350㎜の法則」を利用することもできます。床から350㎜ごとに桟木を固定し、そのとき収納したい物に合わせて棚を置きます。たとえば350㎜×2＝700㎜は、テーブルや机の高さと同じなので、書斎スペースとして使うことができ、また、押入れの下段と同じ高さでもあります。350㎜×3＝1050㎜は、押入れの上段の空間の高さと同じ。敷布団の幅は約1000㎜なので、布団を立てて収納することができ、下段分と組み合わせると押入れとして利用できます。そして、350㎜×5＝1750㎜はクローゼットのパイプの高さとなり、棚板にパイプをつければクローゼットとして利用することができます。

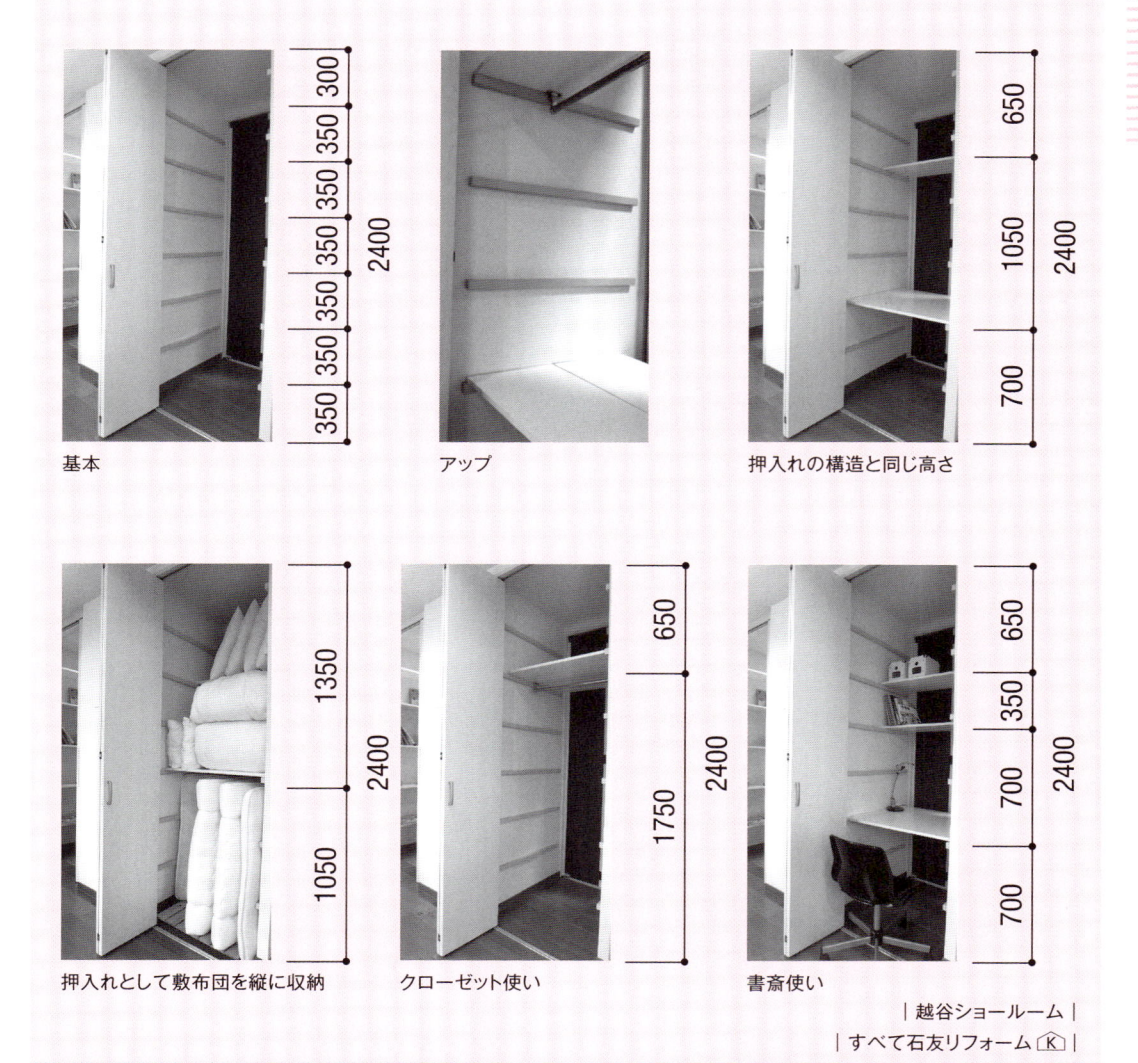

基本

アップ

押入れの構造と同じ高さ

押入れとして敷布団を縦に収納

クローゼット使い

書斎使い

| 越谷ショールーム |
| すべて石友リフォーム Ⓚ |

> **両面使い**

1つの収納スペースを両面から出し入れするシステムです。

①「間仕切り機能」の両面使い——飾り棚

両面から出し入れできる収納スペースを部屋の間仕切りとして設置することで部屋のアクセントや目隠しになったり、1つの部屋を寝室とワークスペースなど、多機能化することができる。

カラーボックスの間仕切り
カラーボックスを階段タンスのように積み上げ、ところどころ背板を抜いて両面から使えるようにした、収納付き飾り棚

②1つのスペースを部屋と廊下から使う両面使い——コート掛けと小物

寝室の一角を寝室側と廊下側の両方から半分ずつ使用する提案。室内からは小物類。廊下側からはコートの収納スペースとして利用。出かけるときや帰ってきたとき、そのつどクローゼットに行く手間がはぶける。また室内側にコート、廊下側に小物収納と逆使いすることもできる。

寝室側から

廊下側から

|ケーススタディハウス神戸|
|左右ともダイワハウス[K]| |講|

③「2つの部屋の共有スペース」となる両面使い──押入れ

2つの部屋のどちらからでも寝具の出し入れができるので無駄な動きと労力がなくなり、来客にも無理なく対応できる。さらに両扉を開けておくだけで湿気対策にもなる。

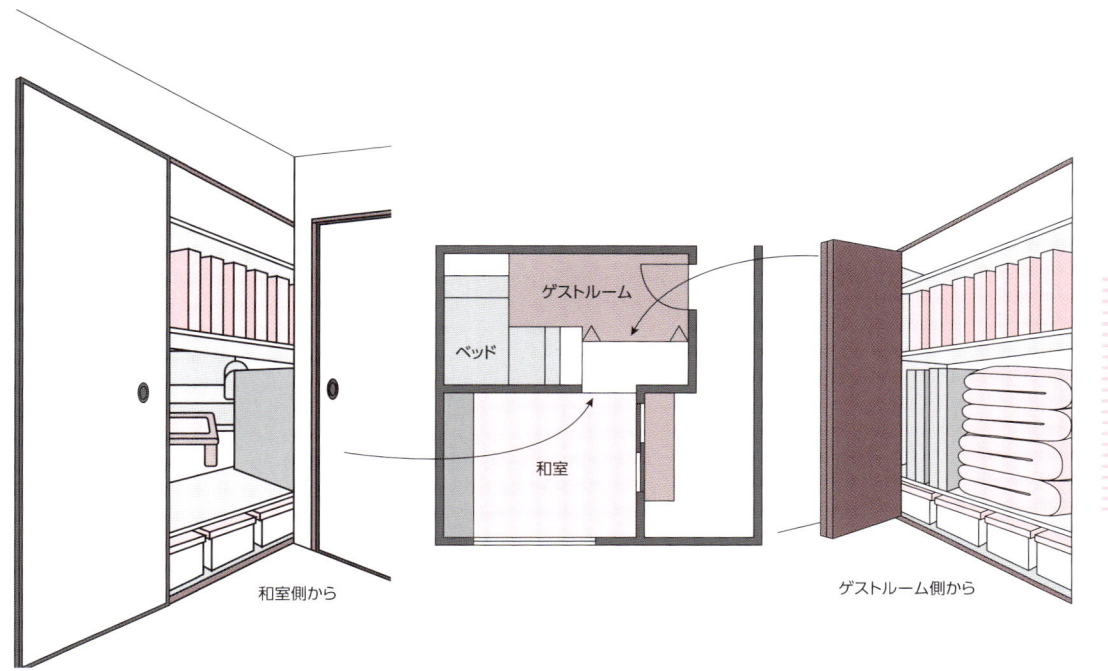

和室側から　　ゲストルーム側から

④「家の中と外とをつなぐ」両面使い──物入れ

外からも家の中からも出し入れできる収納スペースです。車に積んできたゴルフバッグや遊び道具がスムーズに片づくだけでなく、買い物してきた物をいったんここに入れ、家の中に入ってから各場所へ運べるので、たくさんの荷物を持って玄関を出入りするストレスもなくなる。

|ケーススタディハウス横浜|
|ダイワハウス🅚|　|🈑|

3 収納スペース

3.収納家具・収納用品・収納道具・収納部材の選び方

　室内の収納スペースが不足していたり、収納スペースや家具は十分あるのに、生活用品が床に積み重ねられている状態では、「物」が使いづらいだけでなく、掃除も行き届かず、やっかいな場所になってしまいます。

　そのような場合は、収納スペースの不足を補うだけでなく出し入れしやすく使いやすい収納スペースの提案が必要となります。そのためにはいろいろな収納関連の「家具・用品・道具・部材」の中から適切な物を選び、組み合わせながら使用目的に合った収納システムを組んでいくことが必要です。

　限られた住空間の中で「物」を使いやすい空間にするためには、以下の方法があります。

①家具の使い方を変える

　家具の使い方には下記のような方法が考えられる。
- 本棚を食器棚や靴箱として、ほかの使い方をする
- 上下組み合わせの家具を分けて使う
- 家具を間仕切りとして使う場合、背板を取って両面から出し入れできるようにする
- 出し入れをスムーズにするために扉を外す
- 縦横を変えてみる（縦置き家具を横使いにする）

〈例1　縦置き家具を横使いにする〉

〈効果〉
- 家具の凹凸が整い、空間がすっきり見える
- 収納空間が1つから2つに増える

②家具のレイアウトを変えることで収納を増やす

どのような視点で収納家具や用品を選ぶかは下記の4つのことを考慮する。
- 適切なサイズ
- 適切な価格
- 必要な機能
- 色、形、素材など見た目がそろっているか

※「そろえる5つの要素」=「色、大きさ、形、素材、テイスト」などの見た目

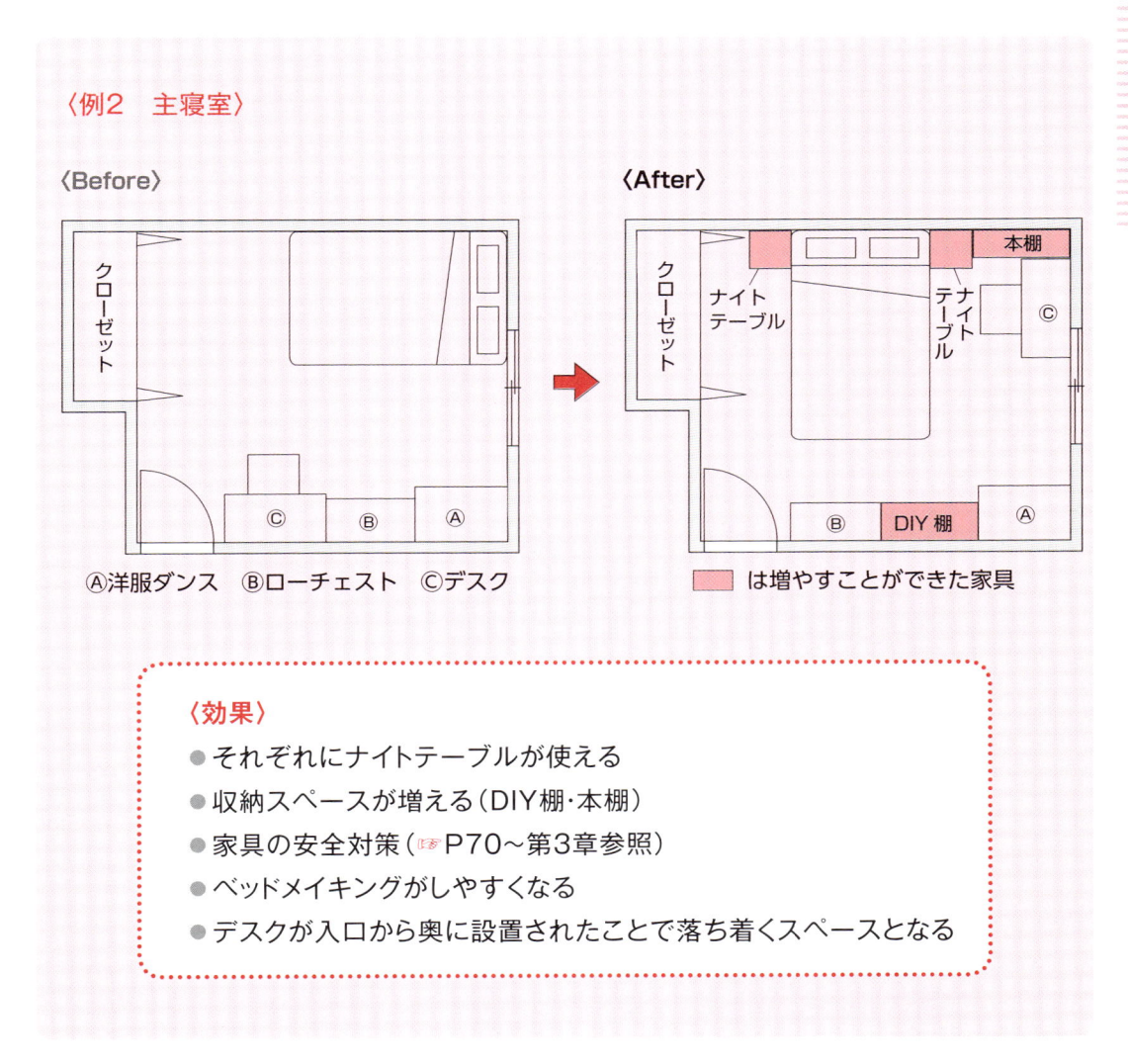

〈例2　主寝室〉

〈Before〉　　〈After〉

Ⓐ洋服ダンス　Ⓑローチェスト　Ⓒデスク

■ は増やすことができた家具

〈効果〉
- それぞれにナイトテーブルが使える
- 収納スペースが増える（DIY棚・本棚）
- 家具の安全対策（☞P70～第3章参照）
- ベッドメイキングがしやすくなる
- デスクが入口から奥に設置されたことで落ち着くスペースとなる

3 収納スペース

収納家具

収納家具は目的と形によって、次のように分類されます。

	置き家具	造作（造り付け）家具	ユニット家具
種類			
特徴	家具店・通販などで購入 一般的な家具 〈メリット〉 ● 家具の移動が自由にできる ● 生活の変化に合わせ、家具を増減したり並び変えたり買い替えで一新したりしやすい 〈デメリット〉 ● 収納力がやや劣る ● 置き家具ばかりになると、床面積が少なくなり部屋が狭く感じる ● 統一感に欠ける ● 固定しづらい家具や扉の場合、地震時に転倒しやすい	大工・家具職人（家具屋）などに依頼してつくるオーダーメイドの家具 〈メリット〉 ● 好みのデザイン、好きなサイズにつくることができる ● 地震による転倒を防げる ● 室内素材に合わせられる 〈デメリット〉 ● 位置の変更ができない ● 収納する物の変化に対応しにくい ● 一般的にコストが高い	規格化されたいくつかのパーツを組み合わせ壁面に固定する。置き家具と造り付け家具の中間的な家具。 〈メリット〉 ● 天井いっぱいまで、壁面を最大限に使え、室内の無駄がはぶける ● パーツを増減できるものが多い 〈デメリット〉 ● ある程度の壁面がないと収納力を発揮できない ● 設置場所が限定される ● 部屋と規格のサイズが合わないことがある ● 専門業者に依頼しないと移動や増減ができない（自分ではたいへんな作業）
ポイント	○ なるべく色のトーン・素材・高さなどをそろえ、ちぐはぐな印象にならないようにする ○ 収納スペースとのバランス、収納の工夫により収納効率を上げる	○ 収納する物を十分に考慮する ○ 中の部材を可動できるようにする ○ 見た目を重視したい場合は家具職人（家具屋）に依頼する ○ 予算を抑えたい場合は大工仕事とする	○ 天井までの収納にすると収納力は上がっても圧迫感が出ることがある（色、デザインに配慮すること） ○ 天井近くの物の収納物や出し入れの方法も考えておくこと

📖 ノート　置き家具の体系

収納家具は置き家具の中の1つで、洋ダンスや整理ダンスなど、物を収納する目的や役割をもった単独の家具です。デザイン、素材、サイズが豊富ですが、見た目での洋・和家具の違いのほか、「脚物」と「箱物」に分類されます。

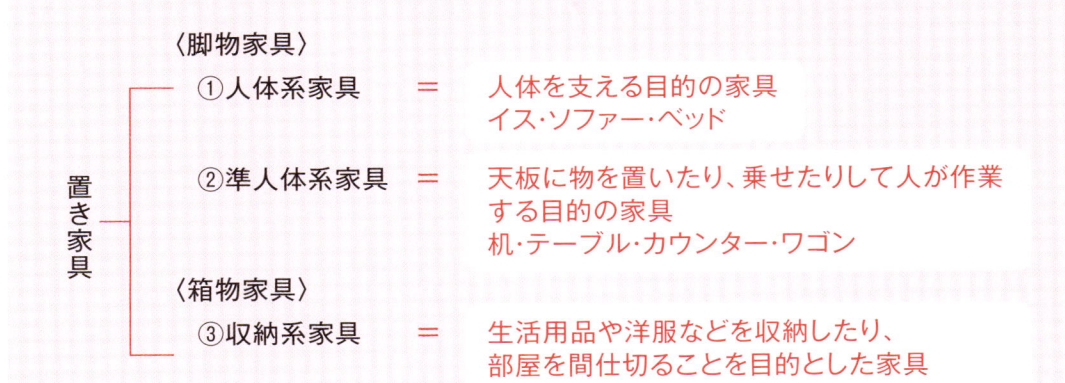

```
                〈脚物家具〉
                  ①人体系家具　＝　人体を支える目的の家具
                                    イス・ソファー・ベッド

置                ②準人体系家具　＝　天板に物を置いたり、乗せたりして人が作業
き                                    する目的の家具
家                                    机・テーブル・カウンター・ワゴン
具
                〈箱物家具〉
                  ③収納系家具　＝　生活用品や洋服などを収納したり、
                                    部屋を間仕切ることを目的とした家具
```

> 箱系 ＝ 洋ダンス
> 引出し系 ＝ 整理ダンス・引出しチェスト
> 棚系 ＝ 本棚・靴箱・食器棚

収納提案の場合とくに③を活用することが主ですが、①②のなかにも「収納」が付いている家具も多くあるため、収納したい物の内容と量に合わせた家具選びが重要となります。

📖 ノート　置き家具の名称

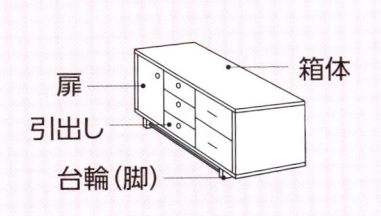

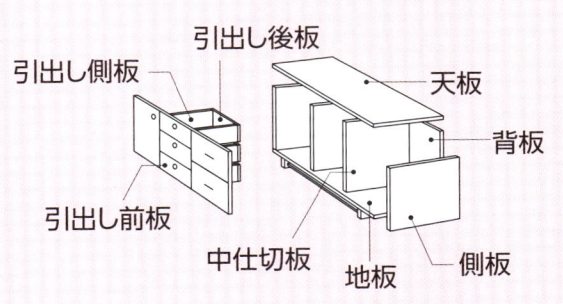

扉／箱体／引出し／台輪（脚）

引出し後板／引出し側板／引出し前板

天板／背板／中仕切板／地板／側板

3 収納スペース

収納用品

「収納家具」と「収納道具」の中間的役割を果たす存在です。収納家具類に比べ部材が少なく、組み立てが簡単。比較的安価なので、購入しやすいのが特徴です。

タイプによっては部材を追加して収納空間を大きくしたり、減らして小さくすることができます。

ここでは、収納用品の代表的なタイプを「システム収納用品」と「収納用品」とに分け、それぞれ3タイプずつ特徴を紹介します。

- システム収納用品 ＝ いくつかのパーツを組み合わせるタイプ
- 収納用品　　　　 ＝ 単体で使用するタイプ

■ システム収納用品①木製

	木製柱タイプ	木製「ポール」タイプ
部材	● 凹凸のある柱 ● 棚板	● 円柱、角柱 ● 棚板
組立方式	● 4本の柱の凹部分に棚板を挟み込み専用ネジで固定する	● 柱と柱の間に棚板を挟んで積み上げ専用の連結ボルトでとめる
補助道具		● キャスター ● アジャスター
特徴	● オープンタイプで部材の増減が容易 ● 支柱は規格品だが、自由にカットできる ● 棚板の大きさや種類は自由に決定できる ● 棚板の厚みは17mm〜18mm	● 柱の長さのバリエーションが多い ● 棚板の大きさや種類は自由に決定できる ● 専用連結ボルトで組み上げていくだけなので工具をほとんど使わない（天板のネジどめに付属のレンチを使う）

左右とも㊟

■ システム収納用品②突っ張り型

	突っ張り型ポール収納用品
部材	●スチールパイプ
組立方式	●床と天井に支柱となるポールを突っ張り、支柱に渡したパイプの高さや幅を合わせて付属ネジで固定する
補助道具	●伸縮棚　●ハンガーパイプ ●フック・ネット　●アーム　ほか
特徴	●サイズが変えられる ●取り付けの際 　・室内に傷をつけない 　・取り付けが簡単 ●ほかの場所でも使い回しができる ●安定感を得るため、ポールの接地面が大きめのものを選ぶ

■ システム収納用品③スチール製

	L型支柱＋スチール棚	丸型支柱＋ワイヤースチール棚	スチールスリムラック
部材	●L型支柱 ●スチール棚 ●プレート	●丸型の支柱 ●コネクター ●メッシュスチール棚	●サイドパネル ●連結用パイプ ●ワイヤー棚・バスケット
組立方式	L型の支柱4本に専用のネジとプレートでスチール棚を固定する	短い間隔で溝がついた丸型支柱にコネクターを取り付け棚を上からはめ込んで固定する	2枚のサイドパネル連結用面パイプで固定し棚のラックを作りワイヤーの棚やバスケットを設置する
補助道具		●キャスター ●ハンガーパイプ ●木製の棚 ●仕切りパネル ●スライドレール ●布引出し その他たくさんのパーツあり	●ハンガーパイプ ●キャスター ●ワイヤーカゴ用インナーボックス
特徴	●強度がある（耐荷重） ●棚板はリブ加工のためたわみにくく、1枚でもかなりの重量に耐えられる ●比較的安価に売られている ●オフィスや倉庫に適している	●強度がある（耐荷重） ●棚、支柱のサイズバリエーションが豊富 ●突っ張り式のものもある ●完成品の連結が簡単で、増減が容易	●すべての材料は規定寸法のため希望の寸法に合わせられない ●高さは組み合わせにより調整できる ●組み立てや増減が簡単

3 収納スペース

■ 収納用品①カラーボックス

- 購入しやすく、ネジなどがセットされているので、ドライバー1本で組み立てられる
- 中心となるのは2段、3段タイプ

〈サイズ〉

メーカーによって微妙にサイズが異なるため、購入時には必ずサイズチェックすることが大切。
一般的なサイズは次の通り。

（2段）幅450㎜前後×奥行き300㎜前後×高さ600㎜前後
（3段）　　　　　　　　　　　　　　高さ900㎜前後

カラーボックス2段

カラーボックス3段

〈選ぶポイント〉

①定番商品である
②付属パーツが充実している
③ある程度の重量がある（重量は丈夫さにつながる）
④カラーやサイズのバリエーションがある

〈専用パーツ〉

- 扉
- 引出し
- 連結用棚板
- インナーケース
- キャスター
- 補強用連結金具

上記のパーツを組み合わせて「システム収納用品」として利用することができる。

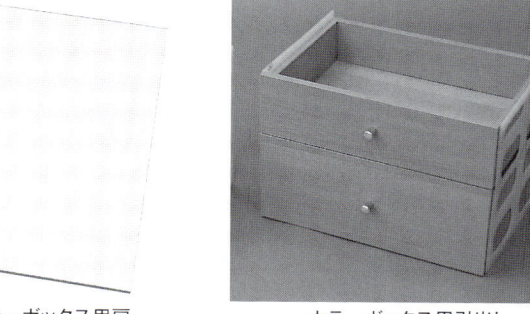

カラーボックス用扉　　　カラーボックス用引出し

カラーボックス用コットンボックス 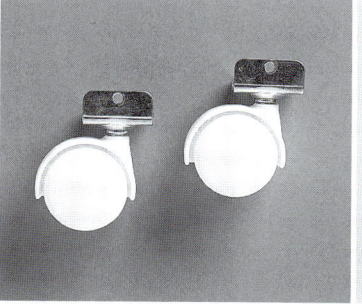　　カラーボックス用キャスター 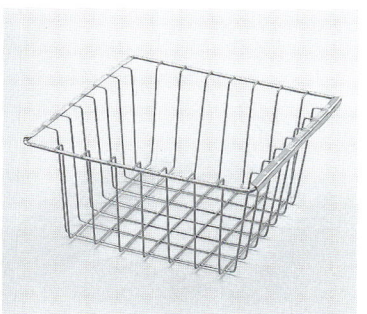　　カラーボックス用バスケット

■ 収納用品②引出しケース

　プラスチック製の引出しケースは、積み重ねができ組み合わせも自由なため、収納用品の基本ともいえる扱いやすい用品です。

〈選ぶポイント〉
　①定番商品である
　②重ねても変形しない強度がある
　③高さや幅のサイズバリエーションがある
　④キャスターが脱着できる

（押入れ用）
奥行き740㎜
幅390㎜と440㎜の物を組み合わせると、
だいたいの押入れの間口に合わせられる

（クローゼット用）
奥行き530㎜

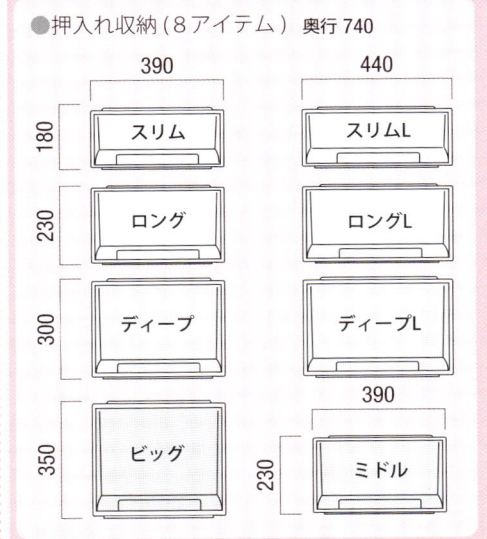

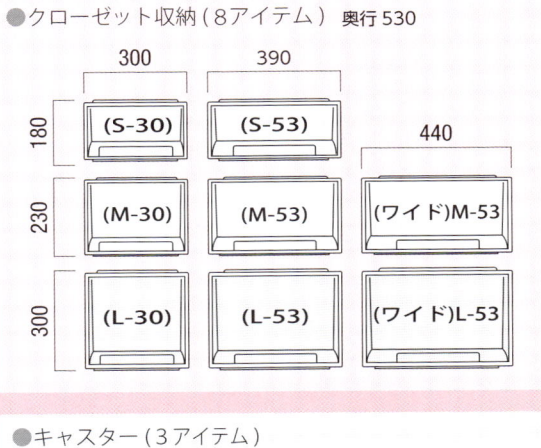

3 収納スペース

サイズバリエーション

●押入れ収納（8アイテム）　奥行 740

	390	440
180	スリム	スリムL
230	ロング	ロングL
300	ディープ	ディープL
350	ビッグ	
230		ミドル（390）

※ミドルは奥行 660

●クローゼット収納（8アイテム）　奥行 530

	300	390	440
180	(S-30)	(S-53)	
230	(M-30)	(M-53)	(ワイド)M-53
300	(L-30)	(L-53)	(ワイド)L-53

●キャスター（3アイテム）
・ネジ式キャスター（4個入）
・差込式キャスター（4個入）
・差込式キャスター（ストッパー付き）
※キャスター使用時は、高さが約50㎜アップします。

■ 収納用品③収納ケース

長期保管をする場合、ほこりや湿気が入りにくい密閉できるケースを利用します。

〈選ぶポイント〉

①底の面積が小さくなる台形型はさける
②積み重ねに強い強度のある物を選ぶ
③キャスターが脱着できる

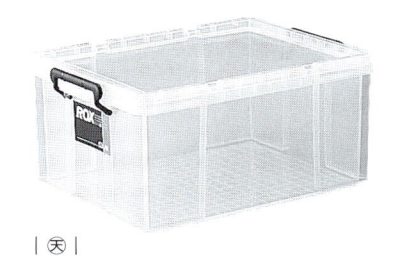

|天|

☑ チェック！

　さまざまな生活シーンで、何となく不便を感じながらも今ある収納用品や収納道具をそのまま使い続けていることが少なくありません。

　このような暮らしの中の「困った」のシグナルは、快適への「道しるべ」であり改善するポイントにもなります。

> **困ったシグナル活用法**
>
> ①何に「困った」のか
> ↓
> ②どうなればラクになるのか（うれしいか）
> ↓
> ③ある時ひらめく!

　日常生活の「不便」に目を向け、身近な道具を使って暮らしを変えてみよう、という意識を持つことで「ひらめき」を感じることができるようになります。

〈ひらめき例〉

●靴箱の中
突っ張り棒とワイヤーネット、魚の目パッドを使って、背の高いブーツと低い靴とが、うまく収まるよう工夫する |Ⓚ|

●引出しの中
メッシュカゴを使って、大きさのまちまちなレードルやキッチン小物を出し入れしやすいように仕切る

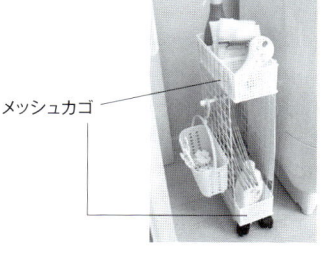

●洗濯機と洗面台の間
メッシュカゴとワイヤーネットを利用してすき間収納　|Ⓚ|

メッシュカゴ

収納道具

そのまま収納道具として売られている物のほかに、たとえば、洗濯用品や文具などを、本来の使い方を変えることで収納用の道具となる生活用品も「収納道具」と呼びます。

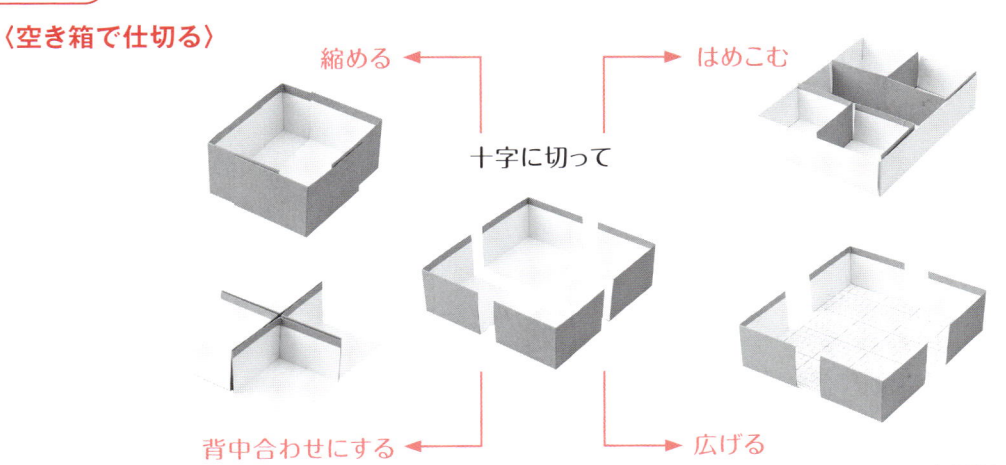

箱使い

〈空き箱で仕切る〉

縮める ← 十字に切って → はめこむ

背中合わせにする ← → 広げる

|東書|

〈メッシュカゴで仕切る〉

「ニッパ」で好みの大きさにメッシュを目安にカットし結束バンドでつなげば、簡単にサイズを変えられる

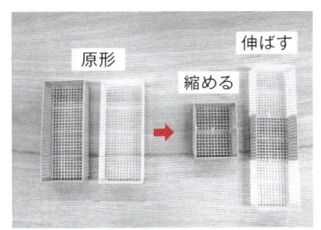

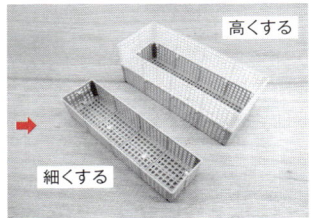

原形 / 伸ばす / 縮める / 高くする / 細くする

メッシュカゴの活用例

ブックエンド

立てて使うだけでなく引出しが浅い場合は寝かせて使ったりと、いろいろな場面で仕切りとして使える

仕切り

書類ケース・書類立て

書類以外にもフライパンや食器、その他多くの生活用品を立てて収納するときに便利に使える

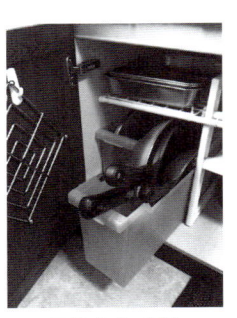

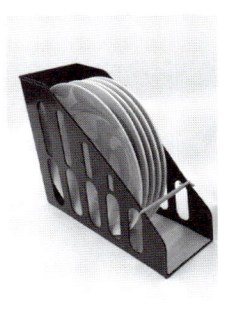

フライパン収納
（書類ケース）

食器収納
（書類立て）

3 収納スペース

クリアケース

柔らかい素材で曲げたり、折ったり、切ったりつなげたりと加工しやすい

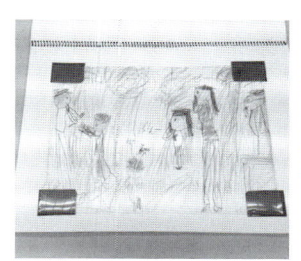

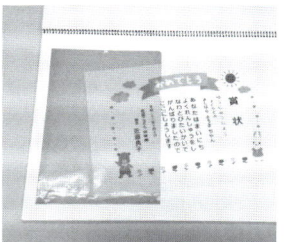

子どもの絵の保管　　賞状の保管

洗濯ネット

ネット素材なので中にほこりが入りづらく中に収めた物が外から確認できる

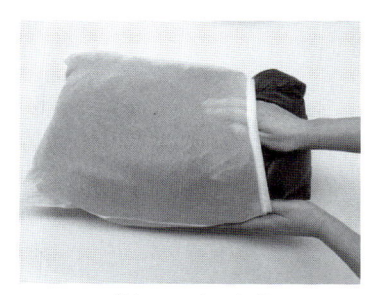

ダウンコートの収納

タオルハンガー

1～数本で縦や横、上や下向きなど、使い方提案がしやすい。鉄のこや万能ばさみなどで、好みの長さにカットできる

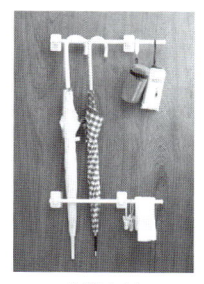

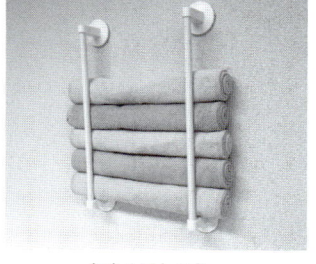

玄関収納　　タオルストッカー
|Ⓚ|

突っ張り棒

上下左右に突っ張り、引っ掛ける、吊す、押さえる、乗せるなど、工夫が簡単にできる

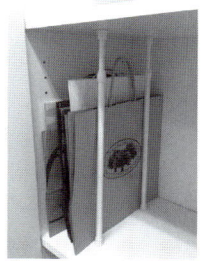

突っ張りブックエンド　　突っ張り2本棚

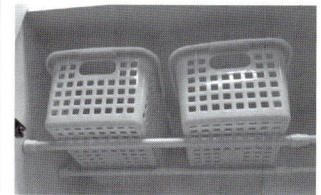

ワイヤーネット

一枚で壁面収納に使ったり、数枚組み合わせて棚やボックスとして利用

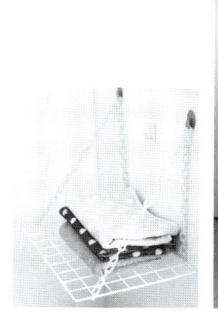

折りたたみ棚　　ネットワゴン
　　　　　　　　|左右ともⓀ|

木製すのこ

桐や杉、ヒノキなど素材やサイズが豊富。ノコギリでカットや塗装もしやすく、釘や金物を使って簡単に棚や家具をつくることができる

すのこ棚

> **収納部材**

収納家具や収納用品、収納道具などをより有効に活用するための必要な部材のことを「収納部材」と呼びます。

> **結束バンド**

- いろいろな物を簡単につなぎとめたり固定させる部材
- サイズが豊富で低価格
- 一度固定したらニッパやハサミなどでカットしなければ外れないタイプが主流だが、何度でも繰り返し脱着させるリピートタイプもある

ネジ穴に通す　　ネジの代わりにキャスターを固定

> **フック**

- 物を「掛ける」だけでなく、「固定」したり「取っ手」として利用したり手軽にいろいろな工夫ができる部材
- 主な固定方法として、粘着・吸盤・マグネット・ピン・ネジタイプがある
- 主な素材はプラスチックと金属製で、耐荷重はさまざまなものがある

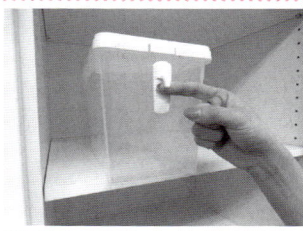

取手として使う

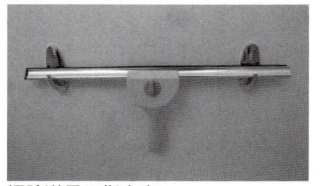

掃除道具の指定席

> **プラスチック製のくさり**

- 万能バサミで好みの長さに簡単にカットできる
- くさりの穴にS字フックを取り付けて物を掛けたり、パイプの中に通しクローゼットの「補助パイプ」としてさまざまな使い方ができる
- 色や大きさも豊富なため、使い方に適したくさりを選ぶこと

クローゼットの追加パイプ　　壁面収納

3 収納スペース

面ファスナー（マジックテープ®）

- 表面の固い方（オス）と柔らかい方（メス）の組み合わせで物を巻いて固定したりするのに便利。また、脱着だけでなく重なり部分をずらすだけで簡単にサイズが変えられる
- 幅や色も数種類あり、オス・メス一体タイプや、裏が粘着タイプの物がある

羽毛布団収納

キャスター

- 「ストッパー付き」とそうでない物やサイズが豊富
- 素材としておもにウレタン・プラスチック・ゴムなどがある
- 取り付けは「ネジ」や「結束バンド」を使用
- 一般によく使用されるキャスターとしては下記の物がある

　〈自在キャスター〉
　　車輪が360°全方向に旋回し、前後、左右自由に動く

　〈固定キャスター〉
　　車輪が前後方向（または左右）のみの動きだが、直進性に優れ安定感のある走行性

自在キャスター

固定キャスター

家具金物（I字、T字、L字、金折、三方面）

収納家具や収納用品を連結や固定をするときに使用。サイズも豊富で素材もニクロムメッキ・塗装仕上げ・ステンレスなどがある

〈平面に使用〉
- I字（一文字）……①
- T字……②
- L字（平折）……③

〈コーナーに使用〉
- 金折（内折・外折）……④
- 三方面……⑤

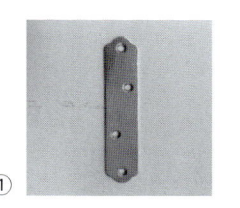

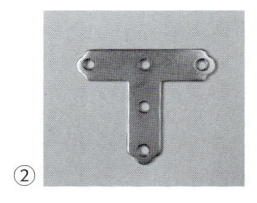

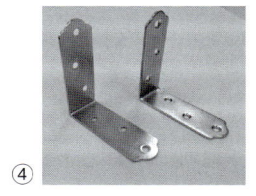

① ② ③ ④ ⑤

アングル

- 断面がL型の細長い部材
- サイズは1辺が10㎜～50㎜前後までの数種類あり、素材はアルミや樹脂が使いやすく、ホームセンターや、鉄のこ・万能バサミなどで好みの長さにカットできる
- 使い方は「仕切り」や「棚受け」「カゴのスライドレール」など、自由な発想でさまざまな使い方ができる

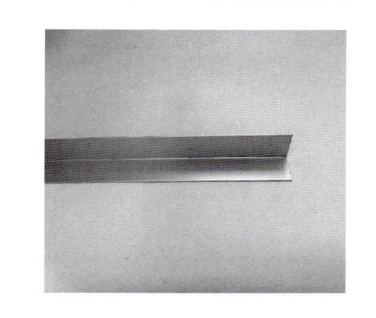

チャンネル

- 断面がコの字型の細長い部材
- アングルと同様サイズは1辺が10㎜～50㎜前後までの数種類あり、素材はアルミや樹脂が使いやすく、ホームセンターや、鉄のこ・万能バサミなどで好みの長さにカットできる
- 使い方は「仕切り」や「棚受け」のほかに「スライドレール」などとして、棚板やカゴなどで収納システムをつくるのに役立つ

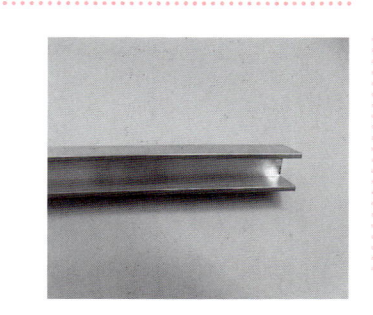

金属製パイプ

- おもに使用される素材は、スチールにステンレスを巻いた「ステンレス巻きパイプ」で、好みの長さにホームセンターや「パイプカッター」でカットできる
- パイプの直径を選んで家具の側面や、棚・テーブルの下などに設置し、さまざまな使い方ができる
- 直径の種類が豊富
  （例）9.5㎜……小物を掛ける・転倒防止
  　　　25.32㎜……洋服を掛けるパイプ（クローゼット）

パイプ用ソケット

- 壁面に直接取り付け、パイプを受ける金物
- サイズはパイプと同じ直径の物がある

ブラケット

- 天板から吊り下げて取り付け、パイプを受ける金物
- パイプの両端は「とめ」タイプ。中間はたわみ防止のために「通し」タイプを使用
- 形状は丸型や長方形などがあり、使用場所により使い分けする

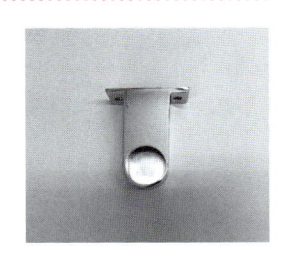

スライドレール

- 棚板を引出すときに使うレール
- 棚板の両側面に取り付けるタイプと、底面に取り付けるタイプの2種類がある
- 耐荷重、サイズのバリエーションが豊富なので、スライドさせる物によって選ぶこと

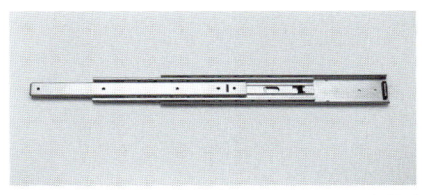

⦅ス⦆

棚柱

- 金属製の角型の細長い棒状の物で、1面に20㎜ほどのピッチで「ダボ」や「棚柱用ブラケット」が差し込める穴がついている柱
- 壁面にネジで設置し棚板やブラケットの高さを調整して使用する

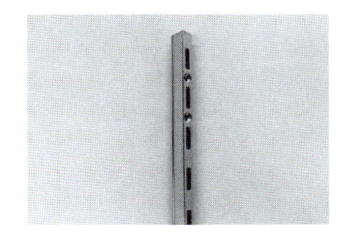

取り付け方

〈側面付け〉
向かいあった面に2本ずつ、合計4本の棚柱を取り付け、それぞれの棚柱にダボを差し込み、棚板を設置する

〈壁付け〉
壁面に2本の棚柱を取り付け、棚板を付けた棚柱用ブラケットをそれぞれに差し込む

棚柱用ブラケット

- 棚板を受ける金物
- 左右で仕様が異なるものと兼用のものがある

※パイプを取り付けられるブラケットもある

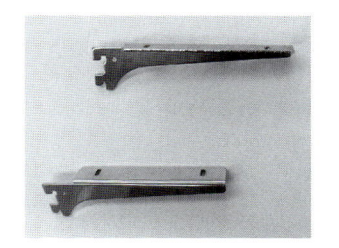

自在棚受けレール

- 棚受け用の穴があいていて、専用の棚受けで棚を受ける。ピッチは商品によってさまざま。壁面や棚板の側面に使用する。

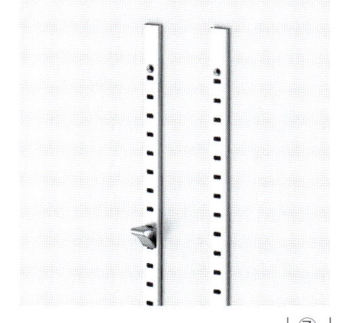

⦅ス⦆

― **工具（10点）** ―

下記は住まい方アドバイザーとして用意しておきたい工具です。

①メジャー（コンベックス）　②カッターナイフ 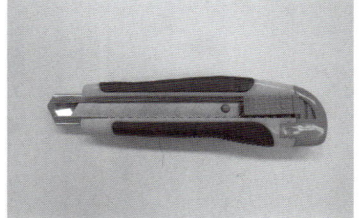　③ゴムハンマー

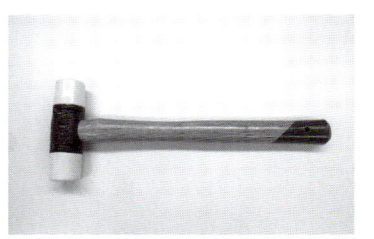

④ドライバーセット 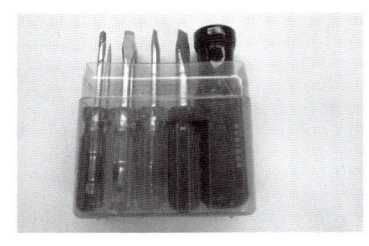　⑤万能ハサミ 　⑥ニッパ

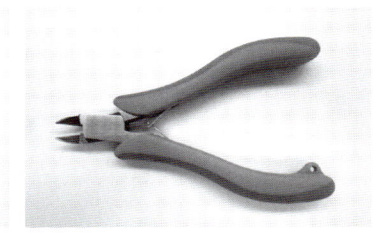

⑦ペンチ 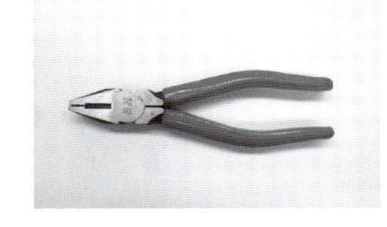　⑧L型金物 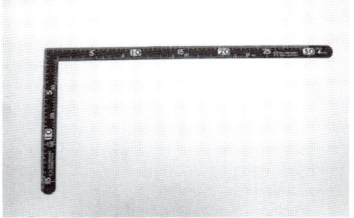　⑨下地探し

⑩電動ドライバー&ドリルビット

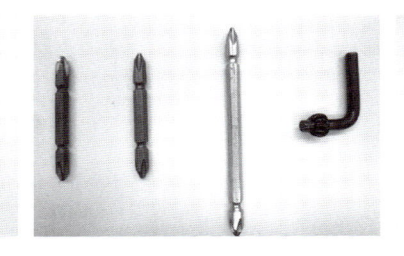

― **その他** ―

シールはがしカッター　シールはがし液

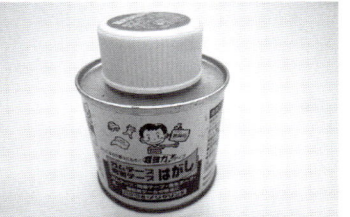

3 収納スペース

4. 安全について

地震対策

地震時のケガの大半は、家具の転倒が原因だといわれています。言いかえれば、家具が転倒しないようにしておけば、ケガを防ぐことができるということです。そのために安全性を考えた家具の固定や配置、家財の置き方の工夫が必要になります。

家具を固定するためには、壁や家具を傷つけることがあり、そのため、「安全」に対する処置をどこまでするのかを十分決めておくことが必要です。

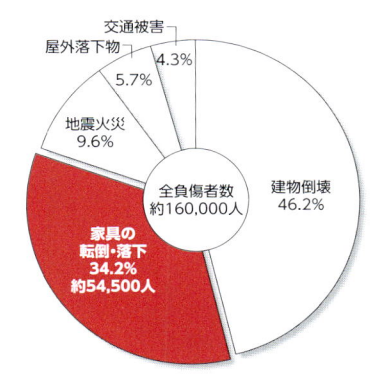

交通被害 4.3%
屋外落下物 5.7%
地震火災 9.6%
全負傷者数 約160,000人
家具の転倒・落下 34.2% 約54,500人
建物倒壊 46.2%

| 東京港北部を震源とするマグニチュード7.3の地震による被害想定（平成21年2月東京消防庁調べ）|

■ 地震のときの家具の動き

実際の地震のときには、かなり複雑な動きになると思われますが、おもな動き方としては以下の4つです。それぞれに合わせた効率のよい固定法を知っておきましょう。

〈倒れる〉

壁を背に立っている家具は、前方に揺れて倒れます。とくに高さが**奥行きの3倍以上**ある家具は倒れやすく危険です。壁か床に直接固定する方法がベスト。

重心が高いほど倒れやすいので、重い物を下に入れることも転倒防止の1つ。

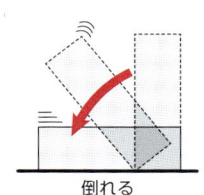

〈滑る〉

冷蔵庫やピアノ、ワゴンなど、キャスターが付いている家具やフローリング、じゅうたんの上の家具は滑りながら移動する。とくにキャスター付きの家具はストッパーを強固にし、壁に固定するのが安全。

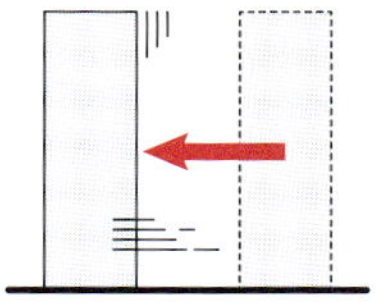

〈飛ぶ〉

直下型地震で、下から突き上げるような縦揺れの場合に起こる。低い家具なら床にも壁にも固定する。高い家具は天井とのすき間を埋めるような方法もよい。

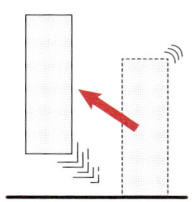

〈落下する〉

2つの家具を重ねて使っていると、上の家具が落下する。金具で上下を固定し一体化させる。

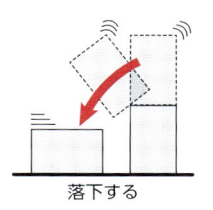

倒れる

滑る

飛ぶ

落下する

家具の固定について

①家具の固定方法の効果の違い

　家具を固定する物には、ビスどめチェーン、ゲル状マット、L字型金具などいろいろありますが、最も効果があるのは、シンプルで低価格なL字型金具でのビスどめ。突っ張り式の道具と、家具に傾斜をつける方式は、単独ではあまり高い効果が期待できませんが、ダブル使いすることで、効果が高くなる。

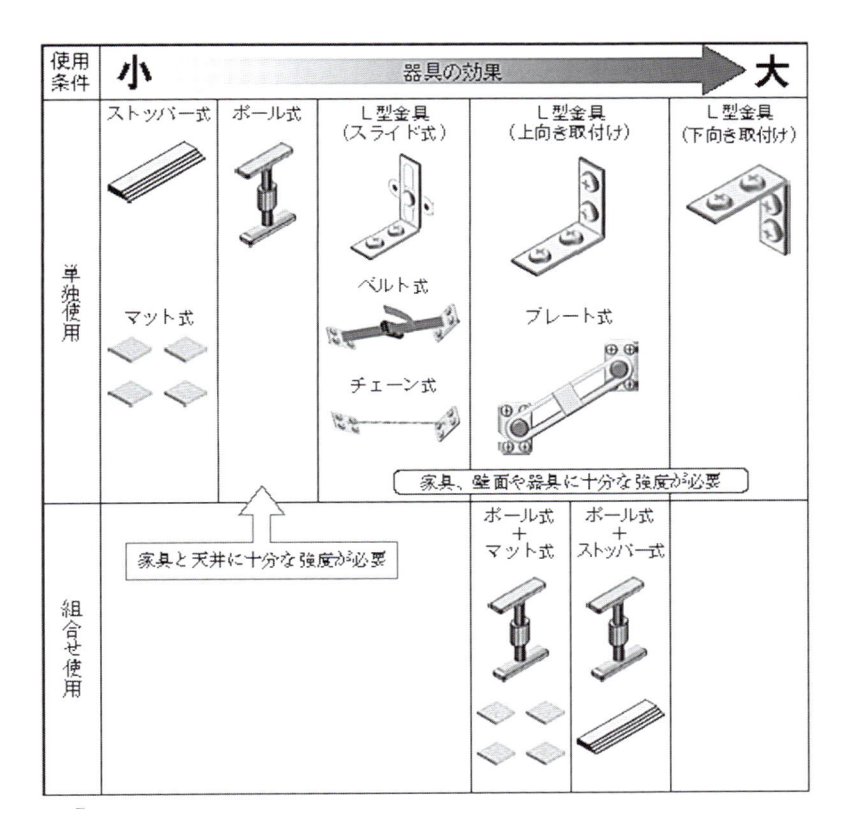

使用条件	小　　　　　　　　器具の効果　　　　　　　　大					
	ストッパー式	ポール式	L型金具(スライド式)	L型金具(上向き取付け)	L型金具(下向き取付け)	
単独使用			ベルト式	プレート式		
	マット式		チェーン式			
				家具、壁面や器具に十分な強度が必要		
組合せ使用	家具と天井に十分な強度が必要			ポール式+マット式	ポール式+ストッパー式	

②分割された家具の場合

〈木製家具用連結金具〉

　家具の上下を連結し、転倒、移動を防ぐ物。ネジどめするための一文字金具や「かんぬき」状の金具などがある。

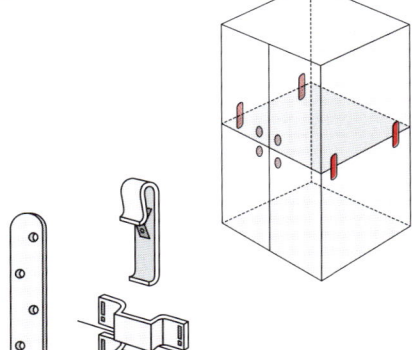

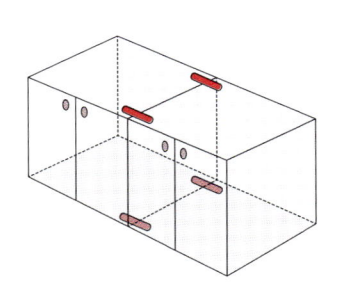

③家具の固定について

	固定の仕方	方　法	メリット	デメリット	その他
1	壁や柱に直接固定する	● L型金物 家具の天板の縁の左右2カ所をL型金具で固定し、柱や間柱（壁の中の柱）にとめる 側面でとめる方法もある	● 固定力が強いとくにL型金具を下向きに取り付けることで上下と前後の揺れが抑えられ最も効果がある ● 低価格 ● 入手しやすい	● 柱の間隔は決まっているためさまざまな幅に合わせづらい ● 取り付け金具が家具の高さによっては、目立ちやすい ● 壁や柱に穴があく	● 木造の場合、450mm間隔で入っている間柱の適当な高さに板を渡し固定場所をつくる ● 背の低い家具は、L型金具と平型金具を連結して長さを伸ばして固定する

〈両側と奥で家具に固定〉　あて板　家具　家具幅に板を渡しネジで固定する

〈断面〉　壁　ネジが効いている　L型金具を板に固定　板厚さ12mm以上　家具　間柱

72

	固定の仕方	方 法	メリット	デメリット
2	天井と家具との空間を埋める	●家具と天井の間にすき間なく収まるように板でつくった箱を乗せる ●市販品もある	●すき間がないため家具が倒れない ●箱の中は収納として使える	●ぴったりな箱をDIYでつくる場合は、手間がかかる ●家具の高さの違いにより「見た目」が損なわれやすい
3	突っ張り式家具転倒防止器具で固定する	●天井と家具の間に器具をはめこむ	●脱着が簡単 ●家具や壁に穴をあけないですむ	●天井の構造により（強い力で突っ張ると）天井が抜けてしまうこともある ※対策として、あて板などで補強する ●大きい家具には不向き
4	ストッパー式器具を家具の前面の底に敷き込む	●敷き込む際は、家具の幅に合わせて端から端まで敷き込む ●薄いくさび形の弾力ゴム製（エラストーマ）で揺れを吸収する	●家具の幅に合わせやすい ●家具や壁を傷つけず設置が簡単	●固定力が弱い ●背が低い重たい家具には有効だが、大きな家具には効果があまり期待できない

3 収納スペース

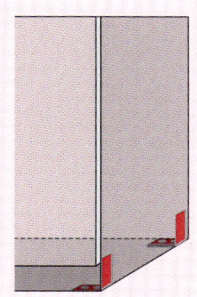

> 📖 **ノート** 　**家具を床に直接固定する**
>
> 家具を間仕切りとして配置するような場合には、壁や柱に固定できないこともあります。その場合は、家具の側面の端と端の2カ所ずつ、左右合わせて4カ所を床に固定します。床に出るL部分を内側に入れると固定金具が目立ちにくくなります。
>
> 〈メリット〉
> - どこでも固定しやすい
> - 「家具の固定について」（☞P71～73）2、3と併用すると固定力がアップする
>
> 〈デメリット〉
> - 壁や柱に固定するより、固定力は弱い
> - 床材により固定力が変わる
> - 床に穴があく 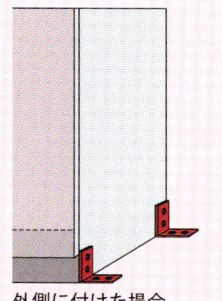
>
> 外側に付けた場合　　内側に付けた場合

設置物の安全対策

	設置物	安全対策
1	扉タイプの家具	市販の「扉用ストッパー」を取り付ける
2	扉のない収納家具	〈 キッチン 〉 　ビン類・調味料の落下防止 　　● スチールパイプ＋ソケット 　　● タンブラーストップ 〈 食器棚 〉 　● 皿類の飛び散り防止……書類立て 　● グラス類……キッチンと同じ 　● 全体のずれ防止……すべりどめマット 〈 本棚 〉 　● 本やCDの落下……ヒートン＋自転車の荷台用ゴムバンド 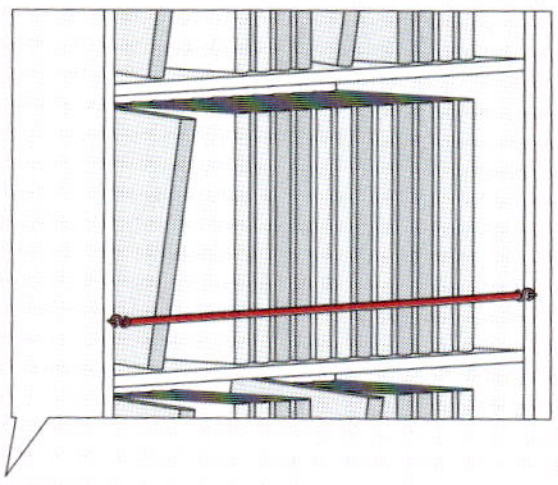
3	引出し	引出しストッパーを取り付ける
4	吊下げ照明器具	〈 シャンデリア・ペンダント型 〉 　● 大きく揺れ、天井に衝突し落下することを防止 　　ヒートン＋ワイヤーまたはくさり3～4本どめ 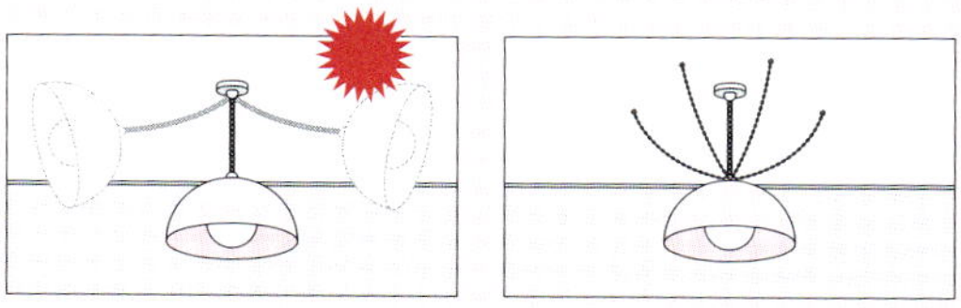
5	カーテン	防火用の厚手……燃えにくく、窓ガラスが割れても部屋への飛び散りを防ぐ

設置物	安全対策
6　飾り物	〈 写真立て、花瓶、置物 〉 　割れやすい素材から皮・木製・樹脂・紙・布などに変える
7　マット類	スベリ止めシートを敷く
8　窓ガラス	部屋の内側に「飛散シート」を貼る
9　家電類	〈 電子レンジ、キッチン家電、TV、AV機器、電気スタンド、ウォーターサーバー 〉 「耐震マット」＝ゲルタイプを敷く
10　テーブル	はかせるタイプやビスどめタイプの「足ゴム」または貼付式の「スベリどめシート」を脚の裏に貼り付ける
11　大型の家具	〈 冷蔵庫、洗濯機、ピアノ 〉 　専用の固定ベルトを取り付ける
12　コードや 　　コンセント	コードの「ねじれ」防止に「コードどめ」や「コードリール」で適切な場所に配置しコンセントのまわりにほこりが溜まらないよう掃除しやすくしておく

3　収納スペース

安全空間を確保するために注意しておきたいこと

1 重い物は下に収納する

2 ベランダの「避難ハッチ」のまわりに荷物を置かない

3 地震時の出火を起こさないようにするため、冬場、家具のそばに「火の気のある物」を置かない

4 床が柔らかいジュータン、たたみの上に背の高い家具を置かないようにする

5 暗がりでの位置や物を確認しやすい工夫をしておく
　①以下の場所に蓄光テープを付けておく。またその他気になるところや物に貼っておく
　　●階段の踏みづら　　●懐中電灯　　●スイッチ　　●持出袋
　　●コンセント　　●ドアノブ付近　　●ヘルメット

　②人感センサーの「**足元灯**」を各部屋、廊下にあるコンセントにセットしておく

6 洗面所内に家族各自の「下着・靴下・スウェット上下」をワンセットにした巾着袋を用意（※入浴時の地震に備える）

7 防災用品や持出袋は「玄関まわり」「車のトランク」「外の物置き」などいくつかに分けてセットしておく

8 ベッドや布団のそばに置いておきたい物
　〈上履き〉
　　●暗がりでもスムーズに履け底面がゴムでスベリにくく脱げにくい靴
　〈携帯・懐中電灯〉
　　●着脱できる面ファスナーやジェルマットを利用し、すぐ取れるところに固定しておく
　〈ポシェット〉
　　●現金・必要な連絡先メモ・保険証のコピー・携帯充電器・メガネ・笛・カードラジオを中に入れておく
　〈バール〉
　　●筒状の「トイ」の中に入れておくと安全。転倒した家具を起こしたり、窓ガラスを割ったり、ドアをこじ開けるなど、ひとりでも脱出できる力を発揮する

9 家具を置かないようにしたい場所として
　　●廊下　　●階段　　●部屋の出入口付近
　※どうしても置く必要がある場合は、「しっかりと固定する」「設置する向きを考慮する」こと

10 リビングやダイニングまた、各部屋の中で身の安全を保てるスペースを確保しておく。落下物や倒れてくる家具が無いスペースを設けておき、「速報」が入ったり、「揺れ」を感じたら即移動し身の安全と心の落ち着きを確保すること

■ 家具・一般家電の転倒防止対策例

家の中を見まわすと、地震の際に危険なのは家具だけではありません。
下の図を参考に、対策を施しましょう。

- 窓ガラスの飛散防止→①
- 食器棚などの飛散防止→②
- 照明器具などの落下防止→③
- ビンなどの落下防止→④
- テレビ、冷蔵庫、電子レンジなどの家電製品の転倒・落下防止→⑤
- 家具の転倒防止→⑥
- 防災カーテンの使用→⑦

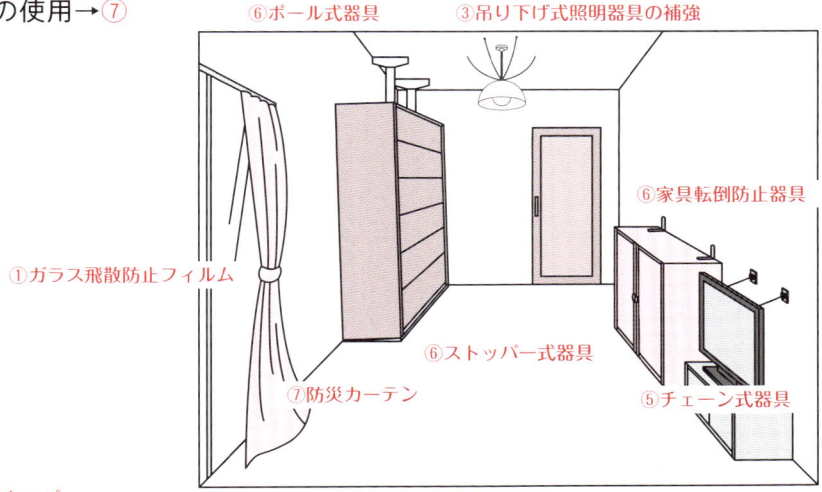

⑥ポール式器具　③吊り下げ式照明器具の補強
①ガラス飛散防止フィルム
⑥家具転倒防止器具
⑥ストッパー式器具
⑦防災カーテン
⑤チェーン式器具

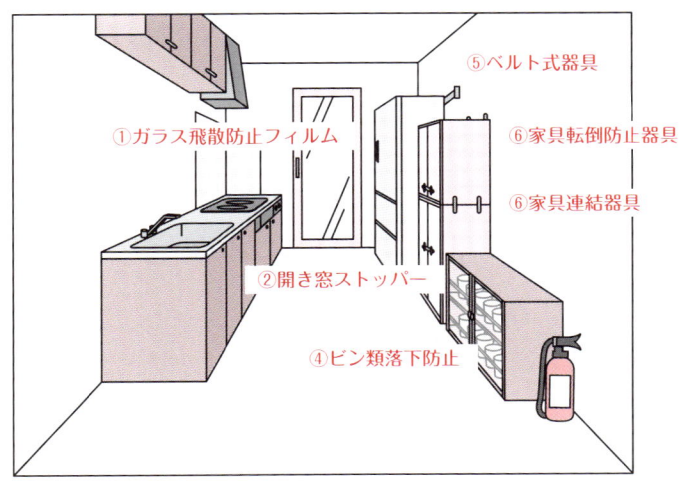

②開き窓ストッパー
⑤ベルト式器具
①ガラス飛散防止フィルム
⑥家具転倒防止器具
⑥家具連結器具
②開き窓ストッパー
④ビン類落下防止

3 収納スペース

77

安全な家具の配置とスペースの確保

■ 避難経路をふさがない配置にします

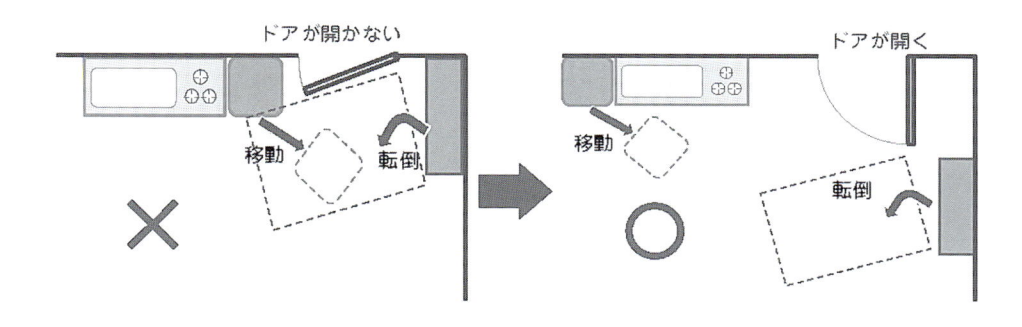

■ 廊下には家具類を置かないようにします

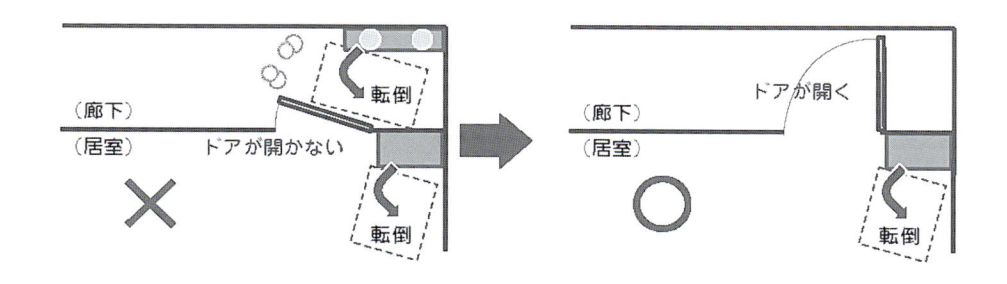

■ 窓際には重量物や転倒・落下・移動しやすい物を置かないようにします
（外に落下する危険があります）

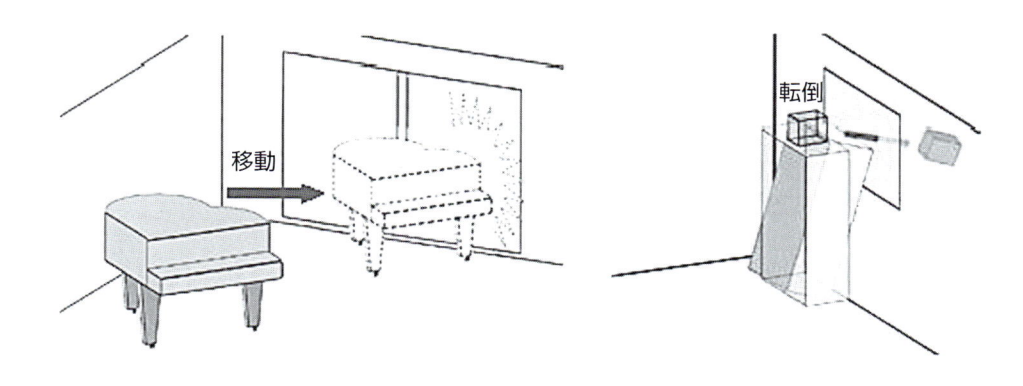

■「寝る場所」や「座る場所」にはなるべく家具を置かないようにしましょう
（置く場合には背の低い家具にするか、家具の固定や置き方を工夫します）

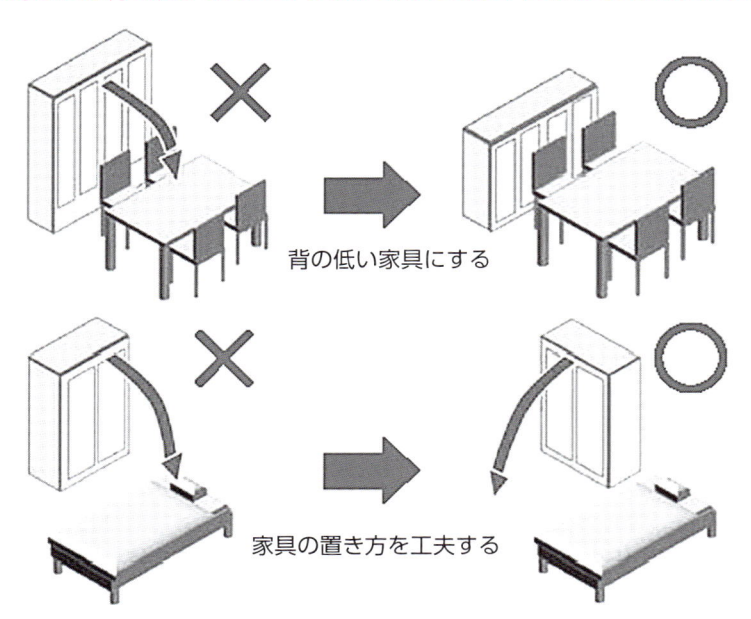

背の低い家具にする

家具の置き方を工夫する

避難経路の確認

家の中から外へ避難するときの安全が確保されているかどうかを図面上で確認してみます。

このとき各部屋から避難口までどこを通るか地震を想定し、経路上に置いてある家具が適切に配置または固定されているかどうか確認します。問題がなければ、それぞれの場所で使用される生活用品にも目を向け、最終的な決定に盛り込むようにしましょう。

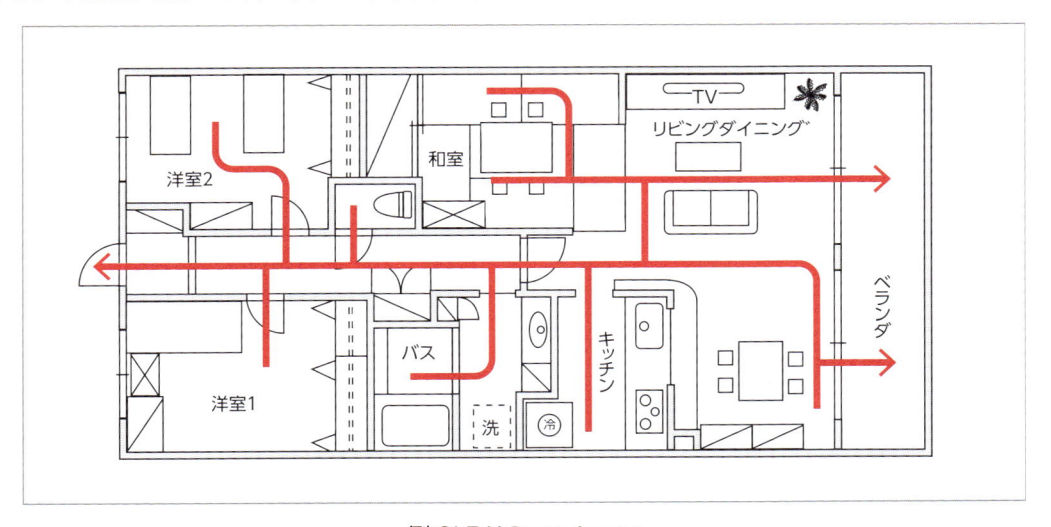

例：3LDKのマンション

上記のように図面上で避難経路を確認する効果としては、次の2つがあります。
- 現状の場合――問題点が確認しやすい
- プランニングの場合――最善の安全性が確保できる

4 人の動きと暮らしの寸法

- 人のサイズを知ることで、必要なスペースが決まる
- 「人体寸法」+「あき寸法」で動きやすいスペースが分かる
- 使う頻度で収納場所の高さが決まる

　家具を配置するとき、家具の大きさだけを考えるのではなく、物を出し入れするためのスペース、人が通るスペースなどを含めて考える必要があります。また、物にもサイズがあるように、人にも身長や身体の厚み、手の届く範囲、目線の高さなど、いろいろなサイズがあります。このサイズを考えた収納や間取りの提案は、そこで暮らす人にとって、使いやすく過ごしやすい空間の提案になり、暮らしの質をよりよくします。

1. 人の動きと暮らしの寸法

　私たちが日々生活していく上で、生活空間は安全かつ快適であることが基本です。
　そのためには、家の中でけがや事故を起こさないよう、物や家具の配置に十分な注意が必要です。また、動線も物の出し入れがしやすく動きやすい「生活動線」や「家事動線」でなければなりません。
　それには、人の身体の寸法＝「**人体寸法**」を知ることが必要です。その上で、人が手や足を動かすのに必要な寸法＝「**動作寸法**」を把握し、これをベースに、人が家の中で快適に過ごせるようゆとりのある空間＝「**動作空間**」に十分配慮した提案が重要になります。
　たとえば家の中でも心や身体をリラックスさせる場所では、「動作寸法」だけで空間を考えると、そこでの動作が窮屈に感じられ、使いづらい空間となってしまいます。
　そのため場所によっては「動作寸法」にほどよいゆとりを持たせるようにします。
　この「ゆとり」のことを「あき」といい、「動作寸法」＋「あき」のとり方によって、それぞれの場所に合った「動作空間」を考えるようにします。
　どんなに素晴らしい「家具」を配置し、「収納スペース」をつくっても、人が動きやすい空間でなければ、せっかくの機能は発揮されません。そのため、家具の「配置」や「動線」を考えるときには、空間に、人の動きに考慮した適切な「あき」をとるように、注意深く考えることが重要です。

家の中は場所によりそれぞれ、使用目的が違うことから、過ごし方、くつろぎ方も違ってきます。そのため、当然それぞれに合わせて「あき」のとり方も変わってきます。

〈例　「あき」について〉

ダイニング ＝ **ゆっくり**くつろぎながら食事をしたり家族で団らんの場所

↓

「動作寸法」に**十分な**「あき」をとる ＝ ダイニングでは配膳や食事中の動き、あと片づけがスムーズにできる「動作空間」をとる。

洗面所やキッチン ＝ 生活行為や家事効率を優先させる場所

↓

無駄に「あき」をとらず、効率よく動ける「動作空間」にする。

☑ **チェック！**

● **人体寸法**……身体の寸法のこと＝男女、大人子ども、年齢、体格により違いがある

↓

● **動作寸法**……人が手足を動かすときの寸法

↓

● **あき**…………ゆとり

↓

● **動作空間**……動作寸法に「あき」＝ゆとりを加えた空間

動作空間の考え方

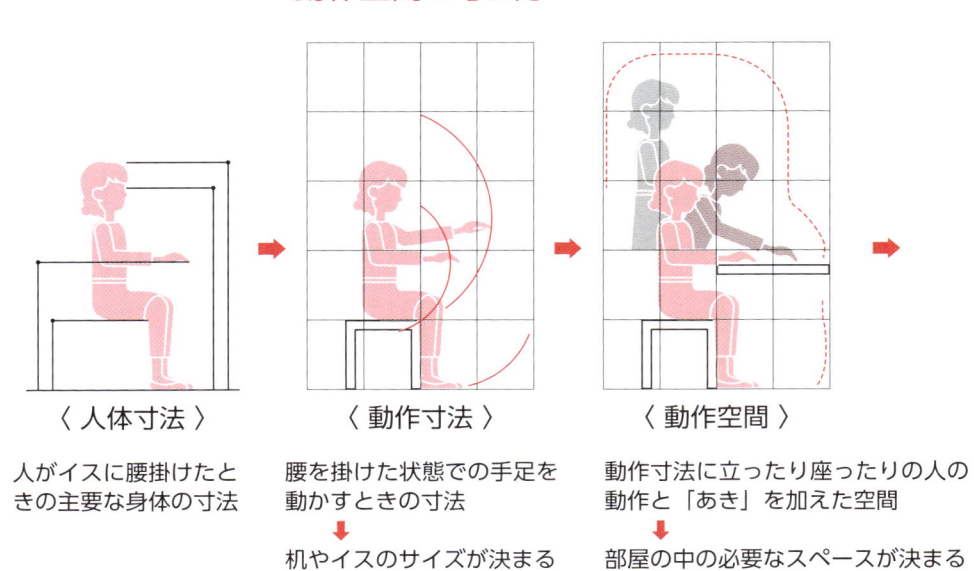

〈 人体寸法 〉
人がイスに腰掛けたときの主要な身体の寸法

→

〈 動作寸法 〉
腰を掛けた状態での手足を動かすときの寸法
↓
机やイスのサイズが決まる

→

〈 動作空間 〉
動作寸法に立ったり座ったりの人の動作と「あき」を加えた空間
↓
部屋の中の必要なスペースが決まる

→

4 寸法

人体寸法(ヒューマンスケール)

　人体寸法とは、一般的に身長や手足の長さ、歩幅など、人間の身体の寸法のことをいいます。この人体寸法を「スペース」や「物」を測る尺度として使用します。

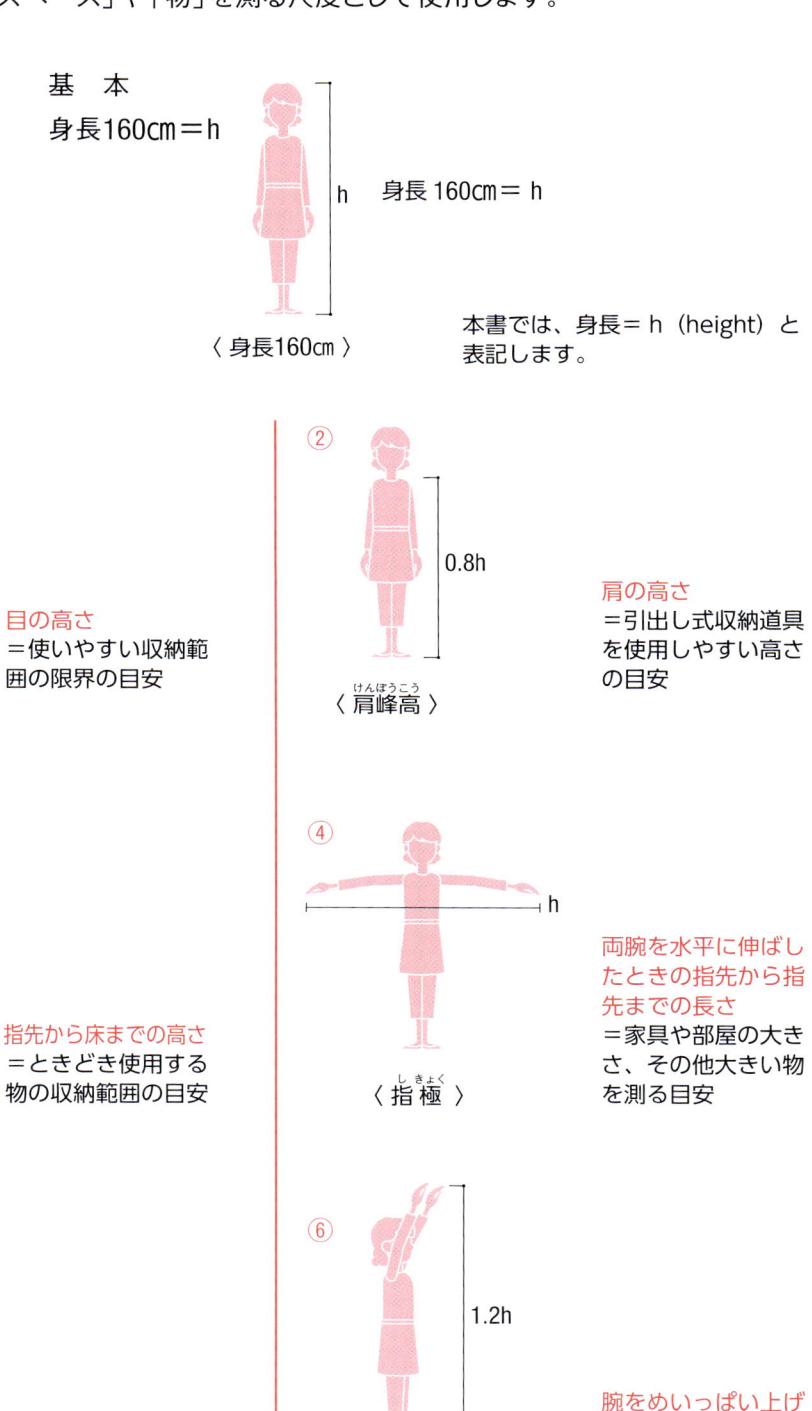

基　本
身長160cm＝h

h　身長 160cm＝h

〈 身長160cm 〉

本書では、身長＝h（height）と表記します。

① 0.9h
〈視高（しこう）〉

目の高さ
＝使いやすい収納範囲の限界の目安

② 0.8h
〈肩峰高（けんぽうこう）〉

肩の高さ
＝引出し式収納道具を使用しやすい高さの目安

③ 0.4h
〈指先点高（しせんてんこう）〉

指先から床までの高さ
＝ときどき使用する物の収納範囲の目安

④ h
〈指極（しきょく）〉

両腕を水平に伸ばしたときの指先から指先までの長さ
＝家具や部屋の大きさ、その他大きい物を測る目安

⑤ 0.25h
〈肩幅（かたはば）〉

肩幅
＝ほぼ人の幅

⑥ 1.2h
〈上肢拳上高（じょうしきょじょうこう）〉

腕をめいっぱい上げたときの高さ
＝ときどき使う物の高さの限界の目安

⑦

0.25h

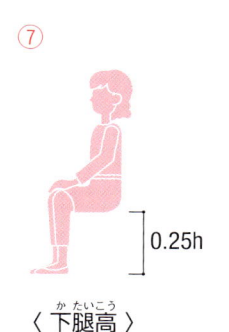

〈下腿高（かたいこう）〉

膝の高さ
＝イスの高さの目安

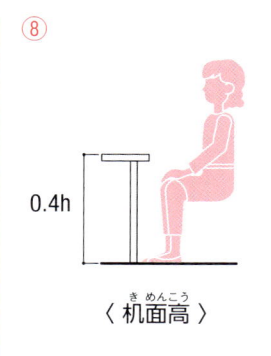

⑧

0.4h

〈机面高（きめんこう）〉

机・テーブルの高さ
＝使いやすいテーブルかどうかを確認する

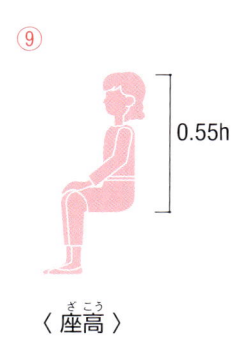

⑨

0.55h

〈座高（ざこう）〉

座高
＝差尺を計算する
（☞ P91 参照）

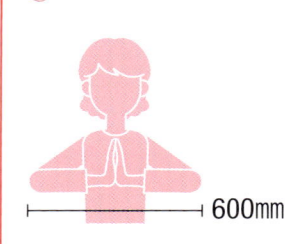

⑩

600mm

両手の平を合わせて肘を張る（600mm前後）
＝人が通る「あき」のある幅の目安

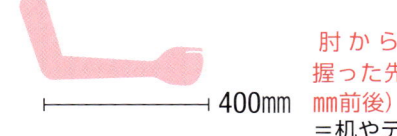

⑪

400mm

肘から軽く手を握った先まで（400mm前後）
＝机やテーブルの奥行きの目安

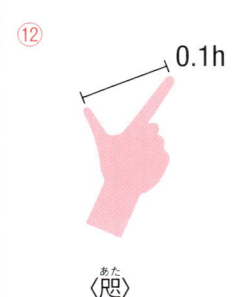

⑫

0.1h

〈咫（あた）〉

親指と人差し指をL字にしたときの対角線（0.1h）
＝咫（あた）
物差しがないときに寸法を測ることができる

⑬

15mm前後

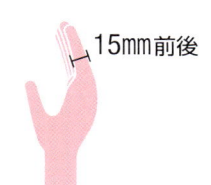

人の手の厚さ
（15mm前後）
＝物を出し入れするときのゆとり寸法の目安

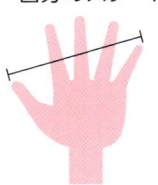

⑭

自分のスケールを知る

手の平を開いたときの親指から小指までの長さ
＝身近な物を測るものさし代わり

4 寸法

人の奥行きに対する動作寸法

　人の幅は日常生活の中で鏡を見たり対面する人を見ることで比較的サイズ感が把握しやすいのですが、「人の奥行き、厚み」に関しては、普段から認識する機会が少なく、それが家の中の物の配置や動線に影響し、動きづらい原因になっていることがあります。たとえば、ダイニングセットはサイズを気にして購入しますが、人がイスに腰掛けたり、イスを引いて立ち上がるときに必要な奥行きまでは考えていないことが多く、動きづらいダイニングになっていることがよくあります。そうならないために人の動きに必要な寸法を知り、ストレスを感じない間取りや家具の配置を考えることが重要です。

基本寸法
　身長160cmを基準にした寸法です

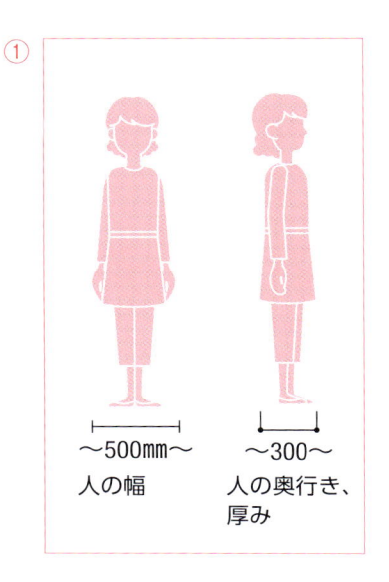

① 〜500mm〜 人の幅 ／ 〜300〜 人の奥行き、厚み

基本動作寸法

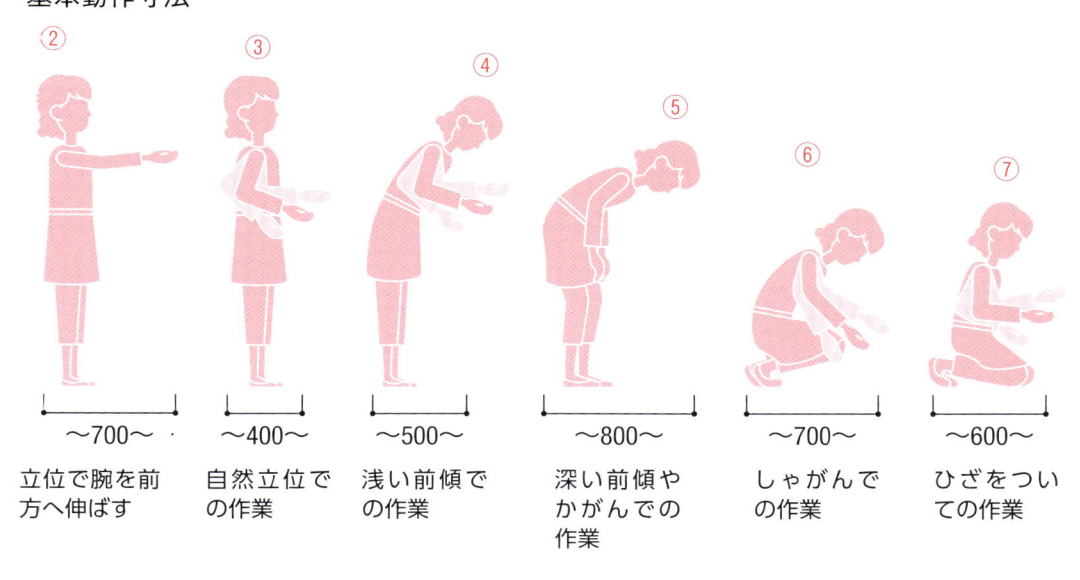

② 〜700〜 立位で腕を前方へ伸ばす
③ 〜400〜 自然立位での作業
④ 〜500〜 浅い前傾での作業
⑤ 〜800〜 深い前傾やかがんでの作業
⑥ 〜700〜 しゃがんでの作業
⑦ 〜600〜 ひざをついての作業

〈数字の見方〉
※「〜000〜」の表記は、基準寸法を000mmとし、体格などにより寸法が前後することを表わし、「〜000」＝以下、「000〜」＝以上を表わしています

2. 生活行為に必要なスペース

通行スペースの動作空間

　家の中で人が通るスペースは、通行する頻度や動線の種類などから検討します。人がひんぱんに行きかう場所は少し広めのスペースをとり、そうでない場所は、その場所の役目をよく理解した上で適切なスペースを決めるようにします。スペースにあまり「あき」をとる余裕がない場合は「最小動作空間[※1]」で考えてみます。

　一般に必要とされるスペースは黒字の寸法ですが、スペースに余裕がない場合は近藤典子の経験値から生まれた赤字の寸法（最小動作空間）までを動作空間の許容範囲と考えます。

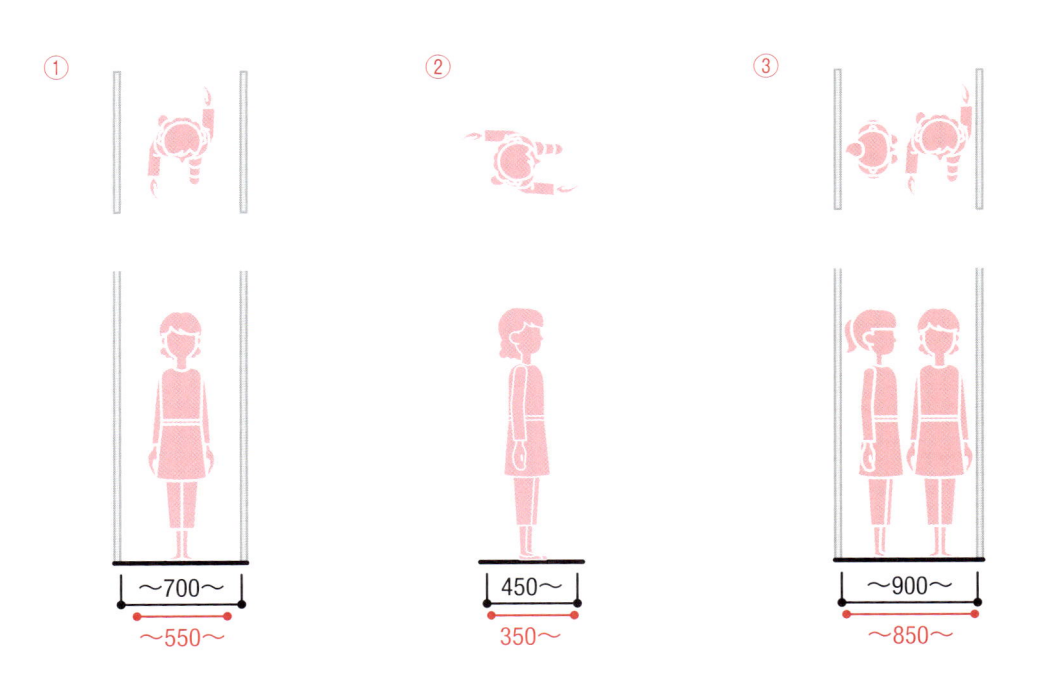

① ～700～ / ～550～
通路をひとりで通行するスペース

② 450～ / 350～
横歩きに必要なスペース

③ ～900～ / ～850～
通路をふたりがすれ違うスペース

　住宅の廊下幅は、800㎜を満たしていないことが多く、そのため、③の「ふたりがすれ違う場合」は、お互い身体を斜めにして、通行することになります。

※1　「最小動作空間」とは……最低この寸法を確保できていれば生活行為が成り立つ寸法のこと

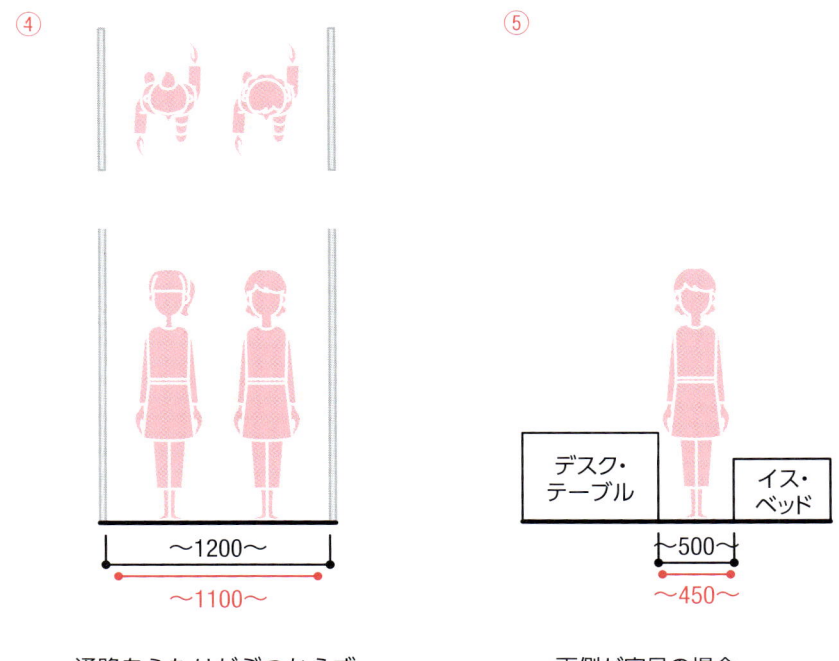

④ ～1200～ / ～1100～
通路をふたりがぶつからず歩けるスペース

⑤ 500 / ～450～
デスク・テーブル　イス・ベッド
両側が家具の場合

※⑤両側が家具の場合
● 両側の家具が「指先点高」より低い場合（ベッドとベッドの間）＝通路幅400
● 両側の家具がひざよりも低い場合（リビングテーブルとソファーの座面）＝通路幅300でも通ることができる。

出入口の通行スペースの寸法

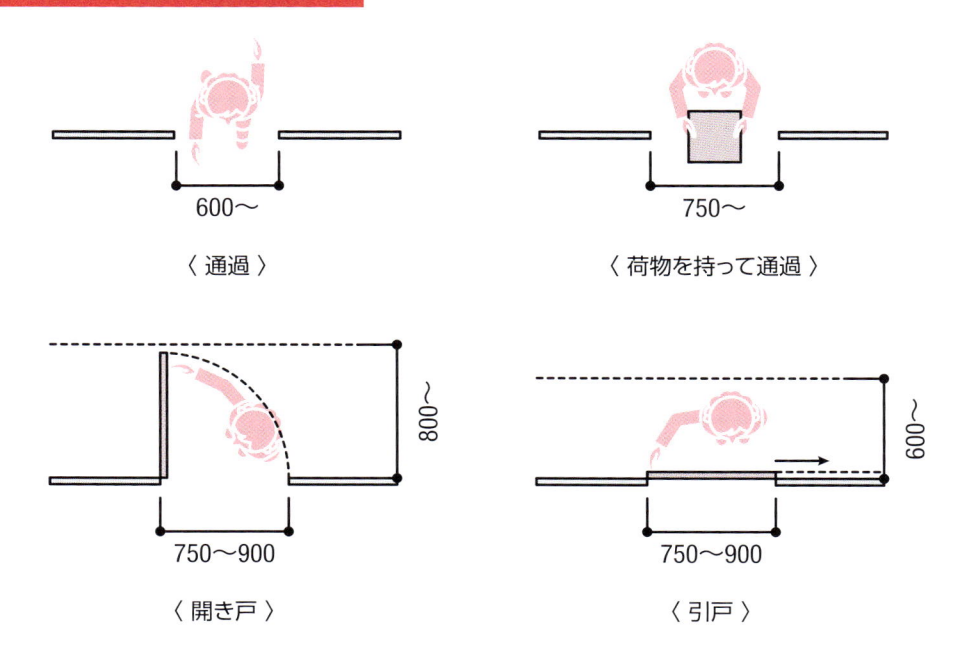

600～
〈通過〉

750～
〈荷物を持って通過〉

750～900 / 800～
〈開き戸〉

750～900 / 600～
〈引戸〉

> **ノート**
>
> 壁と家具の間を通るのに必要な最小動作空間は350㎜。横歩きで通ることで通路幅を最小限に設定できます。
>
> 350
> 低い家具の間を横歩きで通過

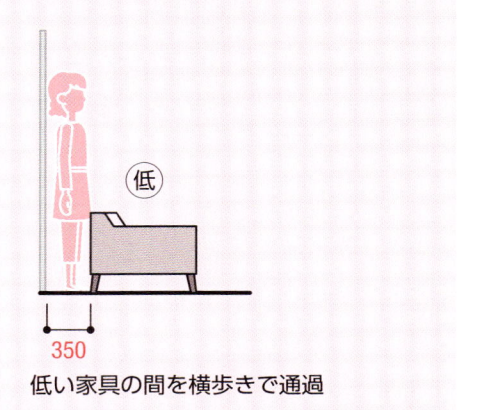

家事行為の動作空間

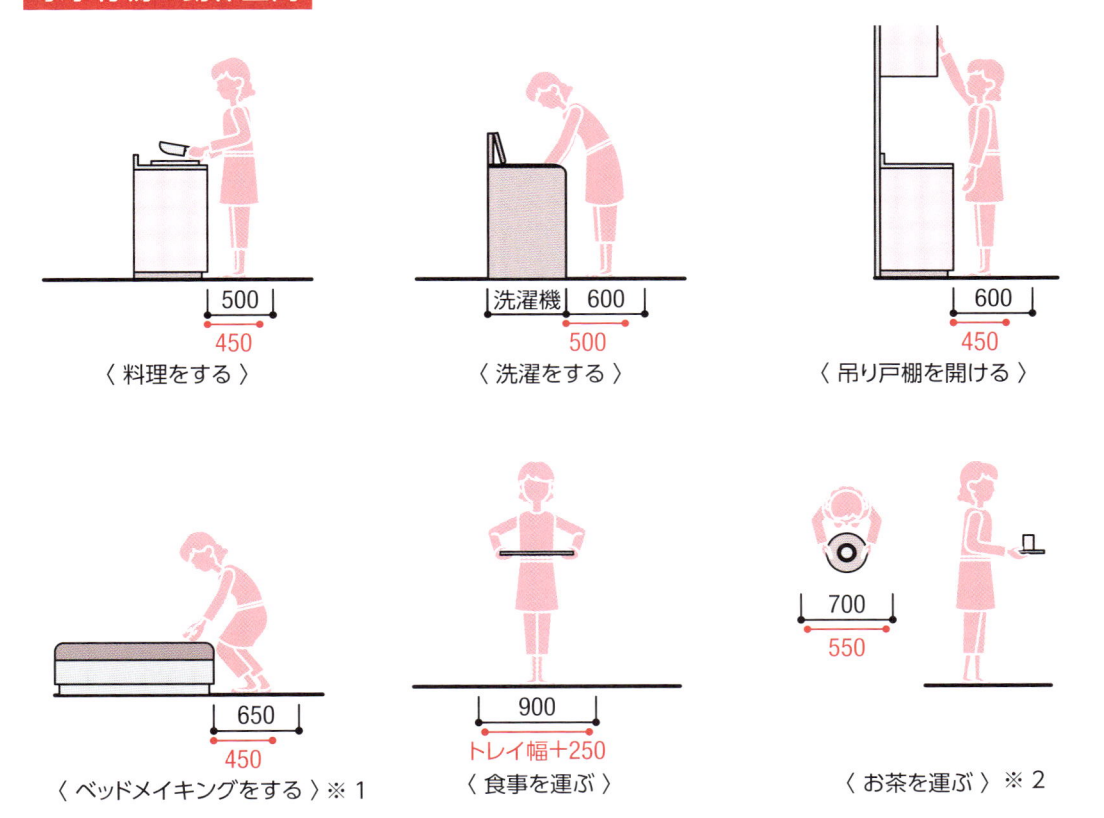

500 / 450
〈 料理をする 〉

洗濯機 600 / 500
〈 洗濯をする 〉

600 / 450
〈 吊り戸棚を開ける 〉

650 / 450
〈 ベッドメイキングをする 〉※1

900 / トレイ幅+250
〈 食事を運ぶ 〉

700 / 550
〈 お茶を運ぶ 〉※2

※1 ベッドメイキングをする際、ベッドがひざより低い場合は、通路幅300㎜でもベッドメイキングは可能です
※2 トレイを使用する際、トレイ幅が300㎜以下の場合は、人の幅500㎜+「あき」=550㎜と考えます

4 寸法

身じたく行為の動作空間

身じたくに必要なスペースは、出かける準備に必要な行為をもとに考えます。

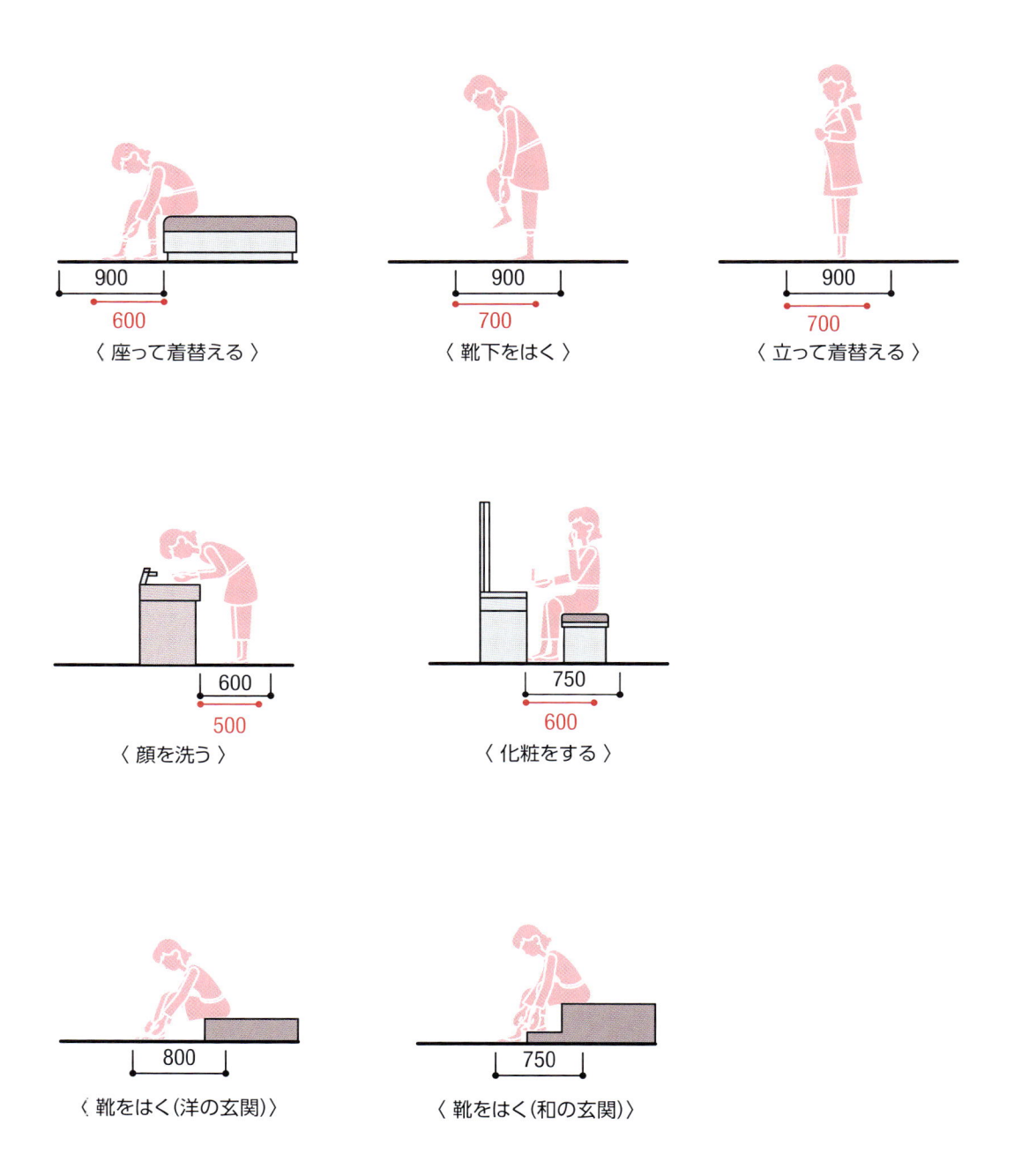

900 / 600 〈 座って着替える 〉	900 / 700 〈 靴下をはく 〉	900 / 700 〈 立って着替える 〉
600 / 500 〈 顔を洗う 〉	750 / 600 〈 化粧をする 〉	
800 〈 靴をはく（洋の玄関）〉	750 〈 靴をはく（和の玄関）〉	

物の出し入れのための動作空間

　収納家具や設備機器の扉や引出しの中の物を出し入れするのも生活行為の1つです。この場合、収納家具などの扉や引出しなどを開けた寸法と物の出し入れをするときの姿勢、この2点を考慮した寸法が重要になり、部屋のレイアウトや使いごこちに大きくかかわってきます。

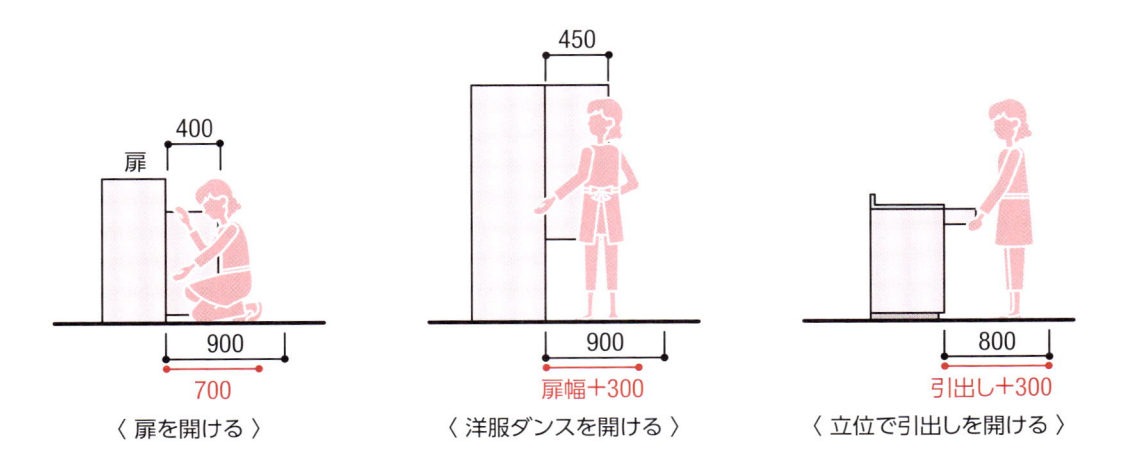

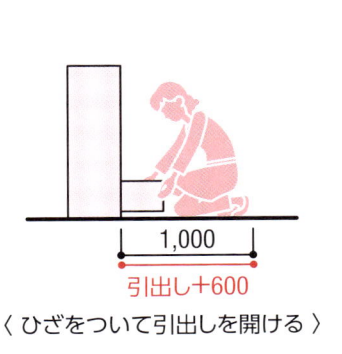

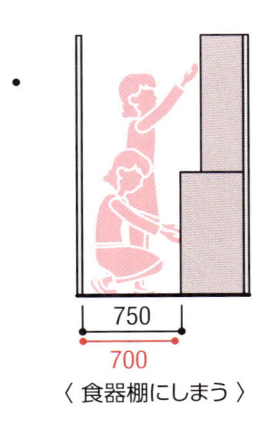

〈 扉を開ける 〉 扉 400 / 900 / 700

〈 洋服ダンスを開ける 〉 450 / 900 / 扉幅＋300

〈 立位で引出しを開ける 〉 800 / 引出し＋300

〈 ひざをついて引出しを開ける 〉 1,000 / 引出し＋600

〈 食器棚にしまう 〉 750 / 700

☑チェック！ 人体寸法と高さによる収納スペースの関係

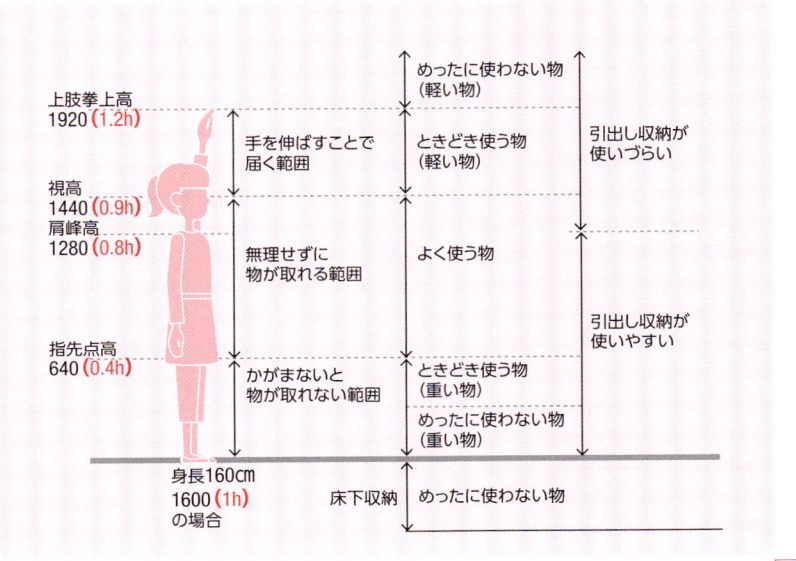

- 上肢拳上高 1920 (1.2h) — 手を伸ばすことで届く範囲 / めったに使わない物（軽い物）／引出し収納が使いづらい
- 視高 1440 (0.9h)
- 肩峰高 1280 (0.8h) — 無理せずに物が取れる範囲 / よく使う物
- 指先点高 640 (0.4h) — かがまないと物が取れない範囲 / ときどき使う物（重い物）／引出し収納が使いやすい
- 身長160cm 1600 (1h)の場合 — 床下収納 / めったに使わない物（重い物）／めったに使わない物

ときどき使う物（軽い物）

4 寸法

座の動作空間

「座る」動作空間には「くつろぐ」と「仕事や勉強」の2つの目的があります。対極にある、この2つのバランスがとれた生活空間は、充実した暮らしにつながります。

■ ダイニング

ダイニングは食事をする以外にもお茶を飲んだり勉強や家事をするなど、家の中で最も人が集い多目的に使われる場所といえます。

そのためテーブルやイスを購入したり、適切な配置にするには、テーブルまわりでの「人の動き」に必要なスペースを把握しておくことが必要です。

右の図のⒶ～Ⓓは、ダイニングテーブルまわりでよくある行動パターンです。

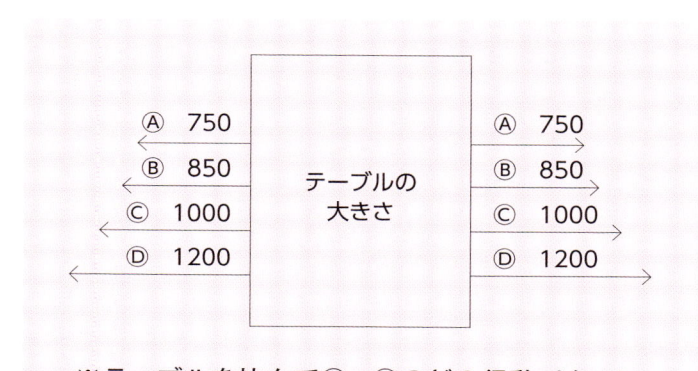

〈Ⓐイスを引く〉 800 / 750

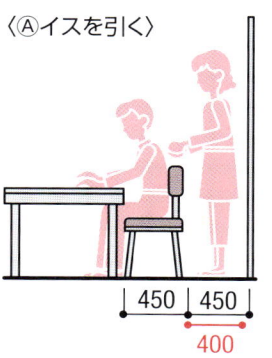

〈Ⓑ後ろを横歩きで通る〉 450 / 450 / 400

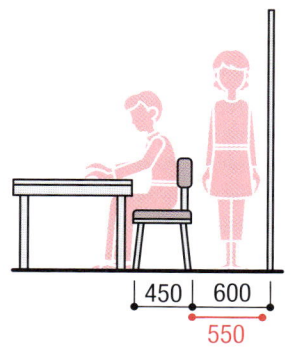

〈Ⓒ後ろを通る〉 450 / 600 / 550

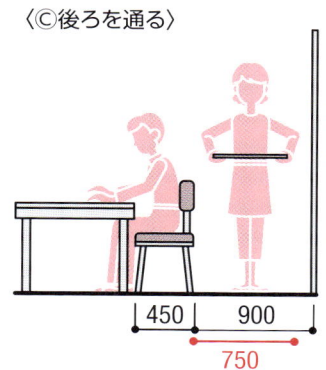

〈Ⓓ後ろから配膳する〉（トレイ幅500の場合） 450 / 900 / 750

```
 Ⓐ 750    テーブルの    Ⓐ 750
 Ⓑ 850     大きさ       Ⓑ 850
 Ⓒ 1000                 Ⓒ 1000
 Ⓓ 1200                 Ⓓ 1200
```

※テーブルを挟んでⒶ～Ⓓのどの行動パターンかで、ダイニングテーブルまわりに本当に必要なスペースが決まります。

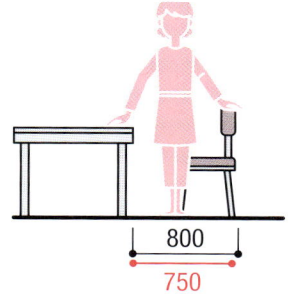

■ デスク

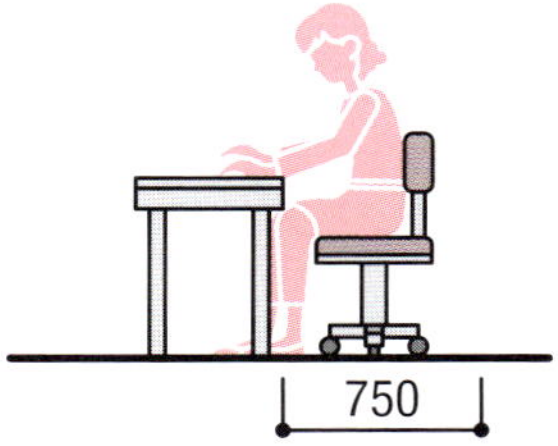

〈 デスクに向かう 〉　750

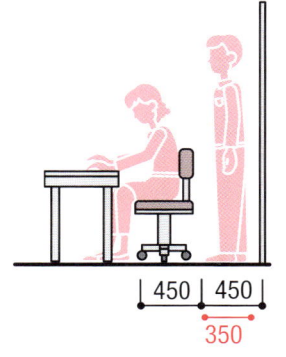

〈 イスに座っている人の後ろを横歩きで通る 〉　450｜450　350

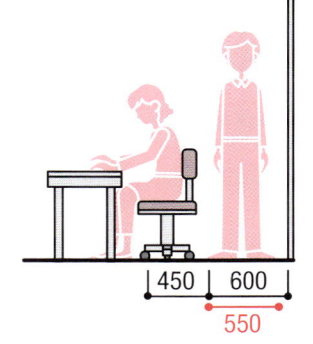

〈 イスに座っている人の後ろを通る 〉　450｜600　550

■ 座卓

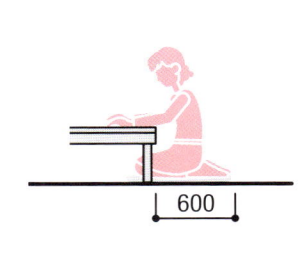

〈 座卓に向かう 〉　600

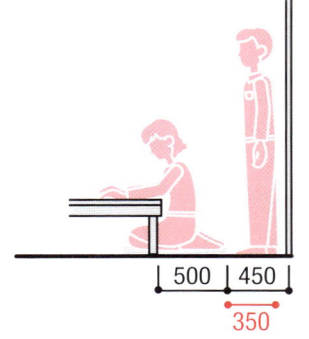

〈 座っている人の後ろを横歩きで通る 〉　500｜450　350

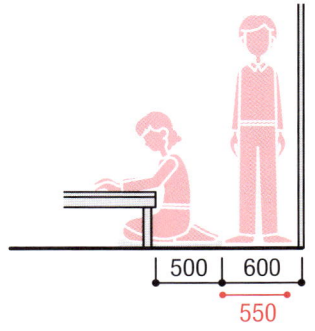

〈 座っている人の後ろを通る 〉　500｜600　550

ノート　デスク・座卓の差尺

イスの座面高からデスクの天板までの垂直距離を「差尺」といいます。差尺が適当でないと座りごこちやデスクでの筆記作業に集中できなかったりと影響が出てしまう重要な要素です。
一般に差尺は、270㎜～300㎜がよいといわれていますが、次のような計算方法もあります。（身長＝h）

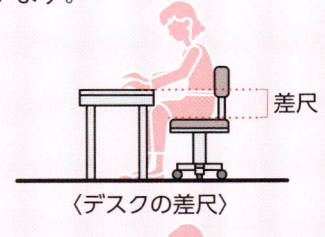

①読書に適した差尺……$0.55h（座高）× \frac{1}{3}$

②筆記作業に適した差尺
　……$0.55h（座高）× \frac{1}{3} －（20㎜～30㎜）$

③座卓の差尺……$0.2h$

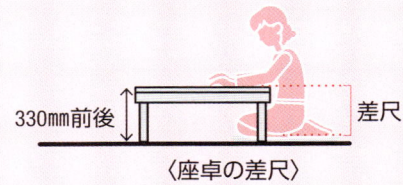

〈デスクの差尺〉　差尺

〈座卓の差尺〉　330㎜前後　差尺

①②の計算の違いは、読書やくつろぐときより筆記作業をするときは、差尺が小さい方が疲れにくいとされています。③の座卓は、計算式はあっても座卓の天板の高さが差尺となってしまいます。座り方で座布団を使用するかどうかで調整できることもあり、①②に比べて身長差での影響は少ないといわれています。

くつろぐ行為の動作空間

　リビングにソファーを置く場合には、ソファーのサイズと、座ってくつろぐときの姿勢に必要なスペースを考慮しておく必要があります。たとえば足を伸ばしたり、座ったまま後方に背伸びしたりなど、希望する「リラックス」とはどのようなスタイルなのかよく考え、配置を決めることが大切です。

■ **ソファーに座った場合**

　足を伸ばしてくつろぐには、下の図のようにソファーの「幅600㎜～700㎜×奥行き（ソファー＋300㎜）」が必要です。

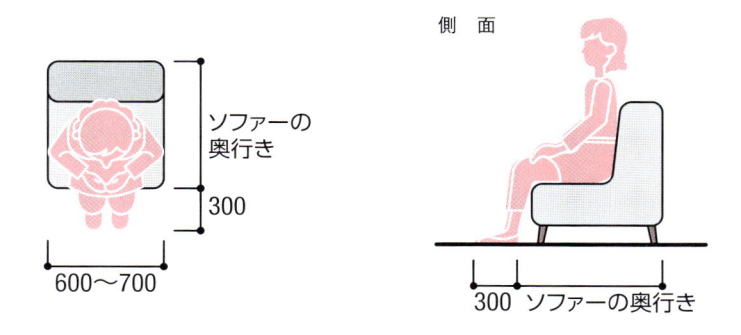

　2人掛けの場合、通常横幅は1200㎜～1400㎜あれば十分ですが、ソファーに横になってくつろぎたい場合は、幅1800㎜以上を選ぶ方がよいでしょう。

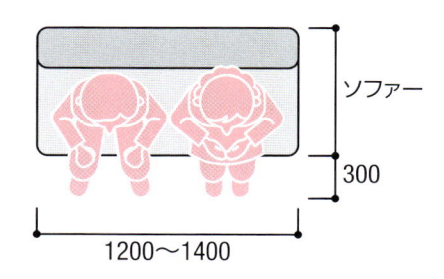

■ ソファーとテーブルの間

　ソファーに座ったとき、テーブルに足がぶつからず、しかもテーブルの上の物が取りやすい距離として約300㎜が適当ですが、体格のよい人やソファーやテーブルのデザインにより少し余裕が必要な場合は400㎜とるとよいでしょう。

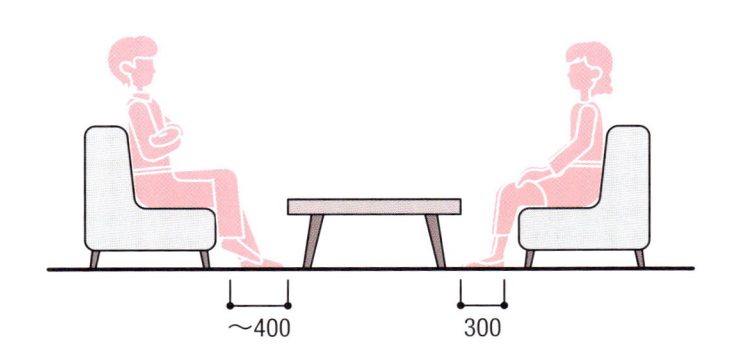

〜400　　　300

〈 ソファーまわりの目安 〉
- ソファー幅を決めるときの一般的な目安　＝　｛（人数分×600㎜）＋肘かけ＋余裕｝
- ソファーの座面の高さ　＝　350〜400㎜
- リビングテーブルの高さ　＝　400㎜以下

4 寸法

寝起きするために必要な動作空間

ベッドの配置を考えたり布団を敷くときには、スムーズに寝起きができるように、ベッドや布団のまわりに適度なあき空間を確保する必要があります。人が無理なく動ける「最小動作空間」より狭くならないように注意しましょう。

■ ベッド

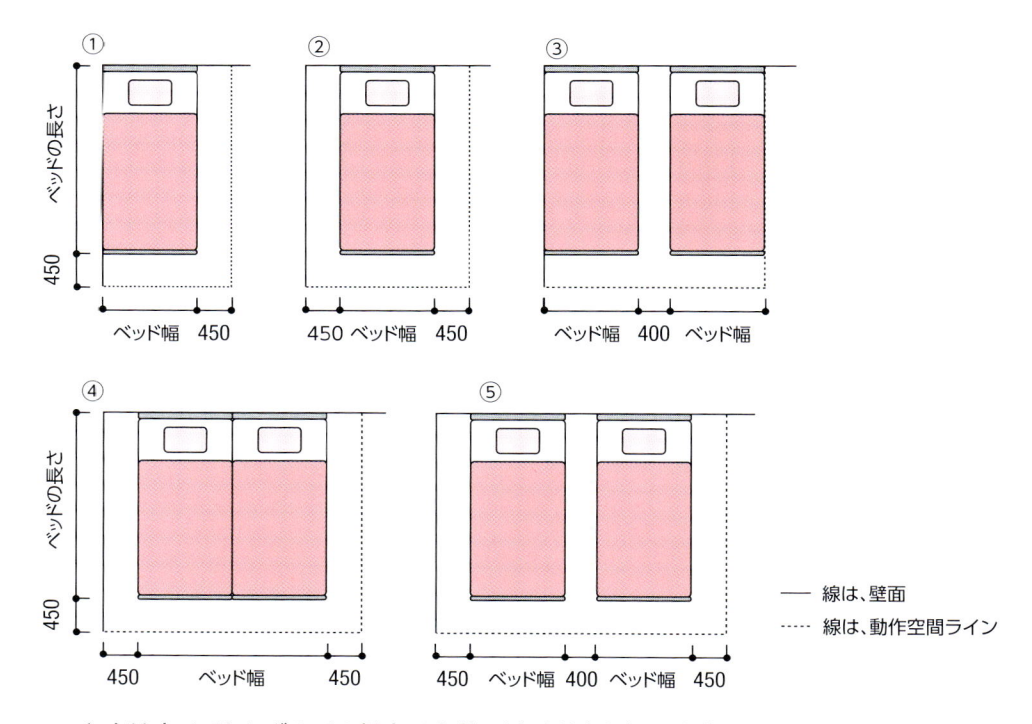

―― 線は、壁面
‥‥ 線は、動作空間ライン

☞ ベッドはすべてシングルでの提案ですが、それより大きなサイズのベッドの場合も同様のあき寸法とする(ドアの位置や開口寸法は見込まれていません)。

■ 布団

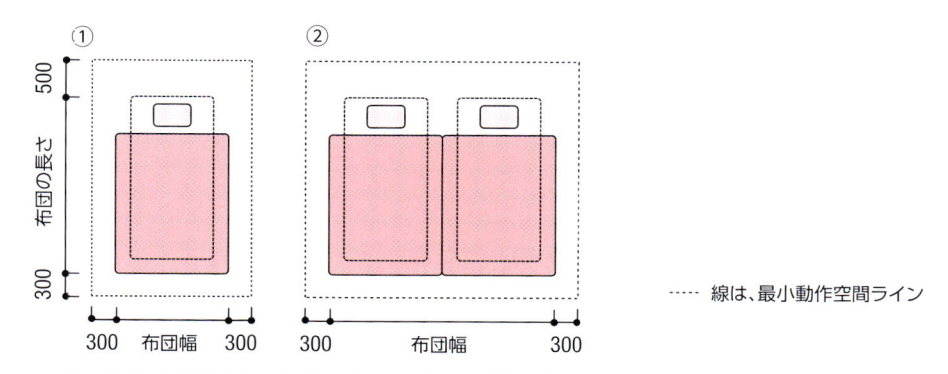

‥‥ 線は、最小動作空間ライン

☞ 通り抜ける通路としては300㎜、出入口や頭の上は500㎜の余裕をとる(ふすまの位置は見込まれていません)。
ただし、布団の場合は掛布団を足元へ折りたたんだり、敷布団を半分に折っておいたりなど、空間的にかなり融通がきくため、上記の寸法はあくまでも参考と考える。

4 寸法

5 インテリアについて

- インテリアの2つの要素。「レイアウト」と「コーディネイト」
- 「好きなもの」を明確にすると自分らしい暮らしが実現する
- 見た目を美しくすることで、維持しやすくなる

> 収納スペースを新しくつくるために家具の配置を変えたり、収納家具などを購入することがあります。空間をしつらえるとき大切なのは、自分の好みをしっかり把握することです。「清潔な感じ」といっても、人それぞれイメージが異なります。色、形など、具体的にし、そのプロセスを楽しむ気持ちが何よりも大切です。好きなものに囲まれた空間はここちよく、維持しようという気持ちも働きます。

1. インテリアとは

本来「インテリア」という言葉の意味は建物の内部のことであり、そこから派生して室内の装飾品や家具までを含んだ意匠設計のことをいうようになりました。

この章ではインテリアをあくまでも住まい方アドバイザーの目線でとらえ、自分のできる範囲で住空間を素敵に飾る方法として説明していきます。

> 本章では「インテリア」という言葉を次の**2**つの要素で考えます。
> ①**レイアウト** ＝ 収納計画をすること
> ②**コーディネート** ＝ 色や素材など調和させ、部屋をしつらえる

「レイアウト」と「コーディネート」。この2つを順序よく行うことで、動きやすく、見た目にもすっきりした自分らしい空間をつくることができます。

日頃から何となく「好み」や「チャレンジしたいインテリア」のイメージはあっても、結局「手つかず」のままだったり、チャレンジはしたものの中途半端に終わってしまうことがよくあります。

> どこから手をつけたらよいか？
> どんな家具やファブリックを選べばよいか？
> どのように家具や飾り物を配置すればよいか？

しかし暮らしを楽しむためには「住まい」を楽しむことが重要です。
どんなに「物」が片づいても殺風景な住まいでは、味気ない日常となってしまいます。
自分が望む「暮らしのスタイル」を手に入れるには、まず**基本的な「見せ方」の知識を身につけ「理想」と「現実」のギャップを埋めていくこと**です。

そのために以下の2つのことをしっかり意識することからスタートします。

① **「あきらめないこと」がインテリア上手になるための第一条件**

「どうせ……」、「……だから仕方ない」というあきらめの意識をもたない
↓
「こうしたい」、「こんなふうに暮らしたい」という**強い思いを貫くこと**

② **「自分らしいインテリア」を手に入れる方法**

日々の暮らしの中で、どんなことにも「好き」と「嫌い」をはっきりさせること
その上で「好き」の理由もはっきりさせる

〈例〉
〈 白い食器セット 〉　　　＝ ホームパーティがしたいから　➡ 好き
〈 ガラスの花びん 〉　　　＝ ダイニングの出窓に似合うから ➡ 好き
〈 大きなダイニングセット 〉＝ 家族一緒が大切だから　　　 ➡ 好き

↓
「好き」の集合体により家の中に「統一感」が生まれる
↓
統一感が「自分らしさ」を「創る」

☑ **チェック！**

自分らしさを「創る」とは「意識」すること
　①検討（考える）　→　②決断（決める）　→　③実行（行動する）
　➡「自分らしさ」はこのプロセスの積み重ねの結果

「自分らしさ」＝「好き」の集合
- 「住まい」の中に「好き」の基準ができると、ほかのテイストがまじっていてもすぐに外せたり、または上手に組み入れたりすることができる

5 インテリア

2.レイアウトですっきり見せる方法

　レイアウトとは、まず整理を十分に行い無駄な物を取り除いた後、スムーズに動けるよう動線を考えて家具や生活用品を適所・適材・適量に配置する「収納計画」のことをいいます。
　レイアウトで大事なことは部屋や家具などを測ることです。寸法を測り間違ってしまうと、すっきり収まるはずの家具や生活用品もうまく収まらず、思い描く空間にすることはできません。目測もしくはいいかげんに測る行為は、いいかげんなできばえのインテリアにしかならないということです。（☞P18第2章「片づけについて」参照）

収納家具のストレートライン※1をつくる

　家具の奥行きがバラバラな場合は、一番奥行きの深い家具の前面に合わせてストレートラインをつくります。凹凸のないまっすぐなラインをつくることにより圧迫感がなくなり、視線がもたつかず、室内がすっきり見えます。

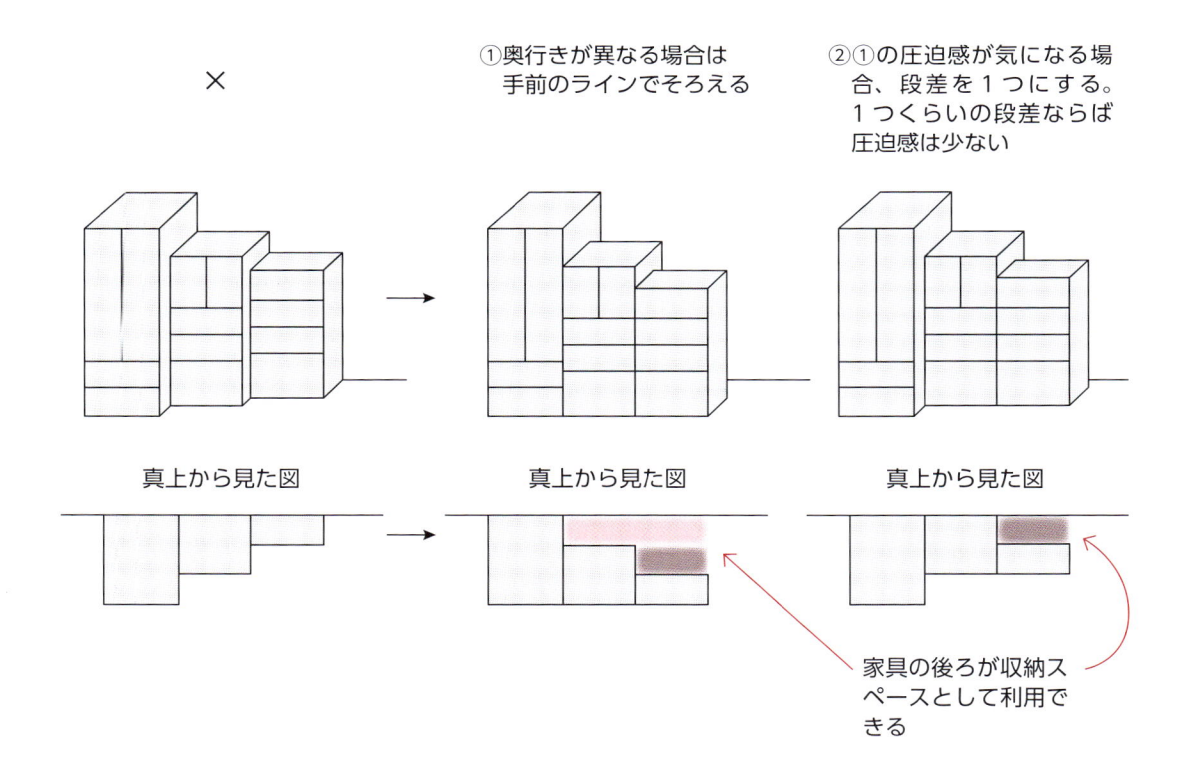

① 奥行きが異なる場合は手前のラインでそろえる

② ①の圧迫感が気になる場合、段差を1つにする。1つくらいの段差ならば圧迫感は少ない

真上から見た図　　真上から見た図　　真上から見た図

家具の後ろが収納スペースとして利用できる

☞ただし、前に出した分、安全性に十分な配慮が必要（☞P70第3章「安全について」参照）

※1　ストレートラインとは、凹凸のないまっすぐなラインのこと

目の錯覚を利用した配置

家具の高さや見た目のバランスを考えずに部屋に並べると、部屋がすっきり見えない原因となります。家具の配置のポイントを知り、限られた空間を有効に使うようにします。

①目の錯覚を利用する

①ドア正面に背の高い家具を置かない

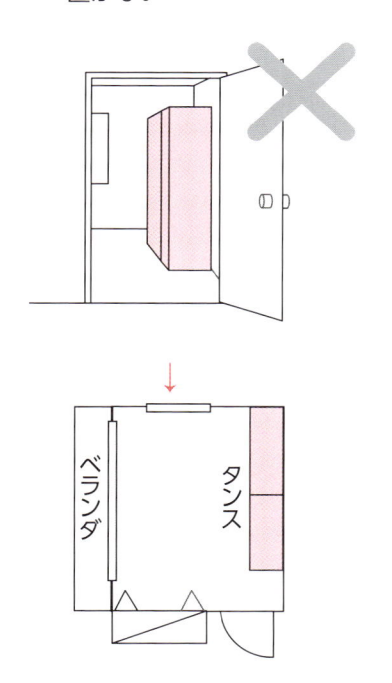

②家具を移動できない場合は目の高さに合わせたフロアスタンドや観葉植物を置いたり、額を飾る

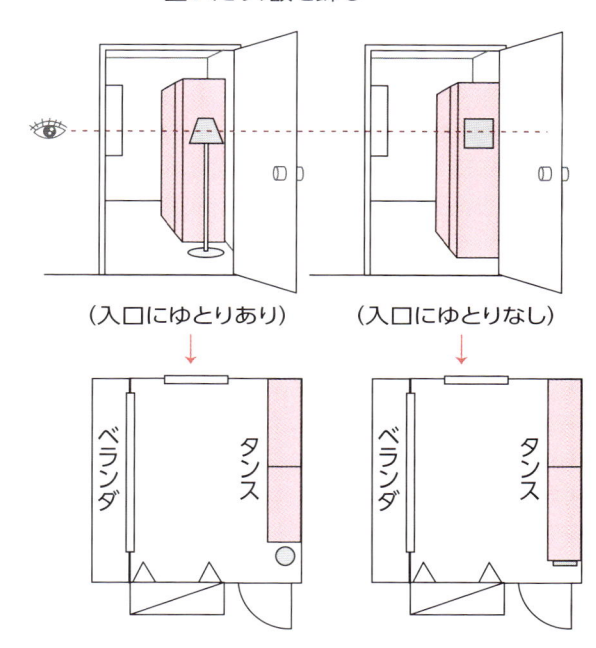

（入口にゆとりあり）　　（入口にゆとりなし）

②死角になる部分に背の高い家具を置く

①縦長の部屋の場合

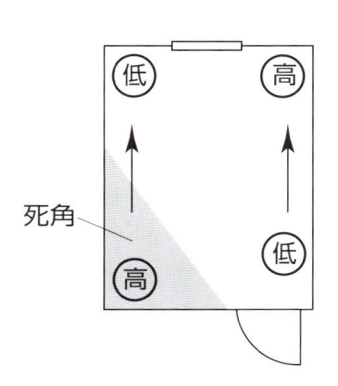

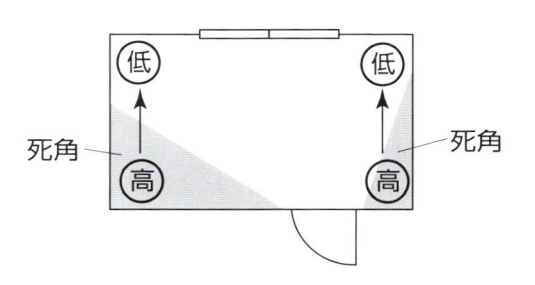

②横長の部屋の場合

③家具の高さを考慮して並べる

①高さをそろえる

②高さがそろわない場合は
一定方向に流す

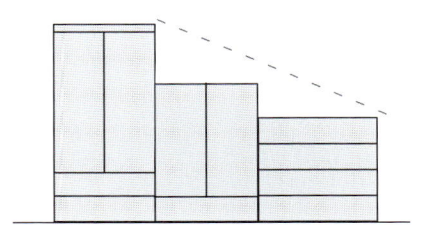

③どうしても凸凹になる場合は
絵や飾り物で高さのバランスをとる

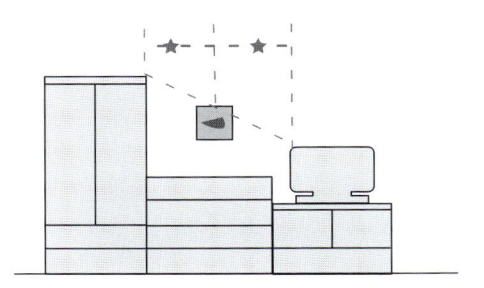

📖 ノート　　困ったときは、観葉植物や照明でフォロー

家具の配置で、中途半端なすき間ができてしまった場合は、そのすき間に観葉植物やフロアスタンドを置きましょう。イスなどに小さな鉢を置いてもよいでしょう。

すき間があるからといって、計画なく収納道具を入れてしまうと、統一感がなくなり、結果として物を増やす原因になるため、収納道具は必要以上に増やさないようにします。

3.コーディネート

コーディネートをするにあたって大切なことは、P97でも紹介したように、自分や家族がどのような住まいが「好き」なのかを明確にすることです。

自分や家族にとって家の中で「好きな物」、「好きなこと」、「好きな時間」は何かを考え、1つずつその理由を明確にしながらコーディネートを実行していきます。そうすることであまり悩むことなく、自然に「自分らしい暮らし」をつくっていくことができます。

イメージの統一をはかる

いくら自分の「好き」な物でも部屋の中に「色」、「素材」、「形」などの違う物が散らばっていると、決して「ここちよい空間」にはなりません。

頭の中にある「こうしたい」というイメージを1つの方向に絞り込み、その方向から外れないように意識しながら具体的に「そろえる5つの要素」＝「色、大きさ、形、素材、テイスト」を基本に考え、部屋の中の物を選んでいくようにします。

■ 色・素材によるイメージ

〈イメージの例〉

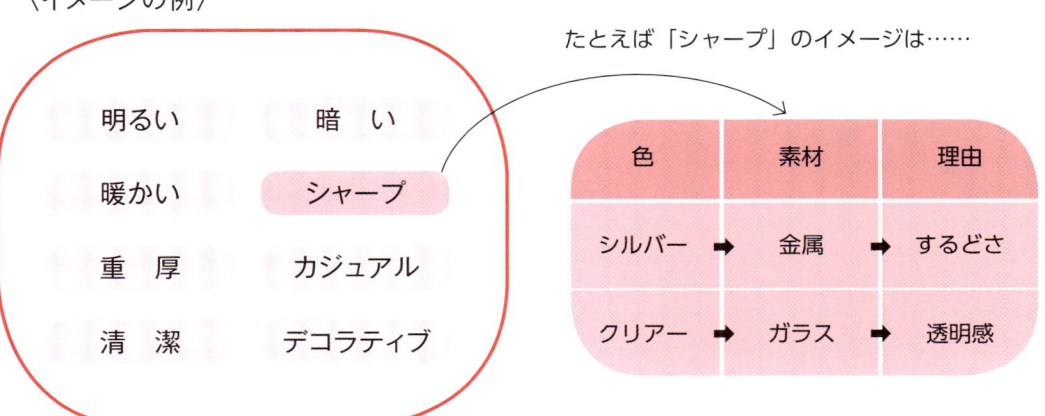

明るい	暗い
暖かい	シャープ
重厚	カジュアル
清潔	デコラティブ

たとえば「シャープ」のイメージは……

色	素材	理由
シルバー ➡	金属 ➡	するどさ
クリアー ➡	ガラス ➡	透明感

上記のようにイメージを色や素材で考えてみます。

そうすることで目に見えないイメージを具現化することができ、インテリアに統一感をもたせることができます。

色のコーディネート

■ 色使いと物選びは伝達ゲーム

室内の色や物をコーディネートする場合、「基準」となる物を1つ決め、それに合う物を1つひとつ確認しながら選んでいくと、色の組み合わせや物選びに失敗がありません。

〈例〉

基準 ソファを決める。
① ソファに合うテーブルを決める。
② ラグを決める。
③ スタンドやクッションを決める。

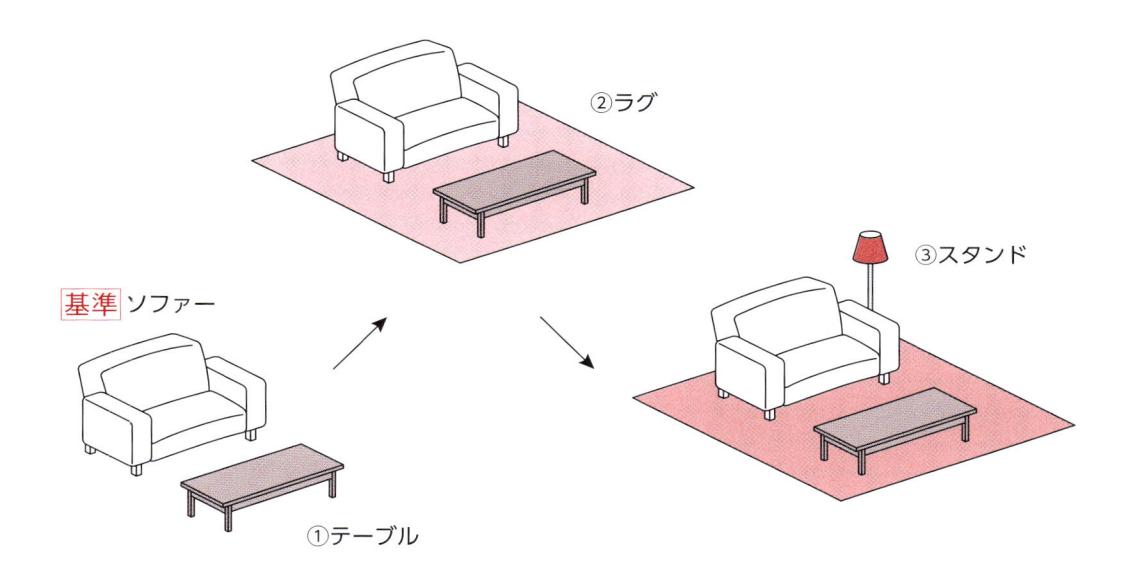

■ 「垂直面」と「水平面」で考える色のコーディネート

部屋の中の家具やファブリック、小物などの面を「**垂直面**」と「**水平面**」に分けて考え、それぞれの面に占める面積の多い順に家具やファブリックを書いていきます。そして面積の多いものから色を交互に配していくと、ほどよくバランスがとれた部屋になります。

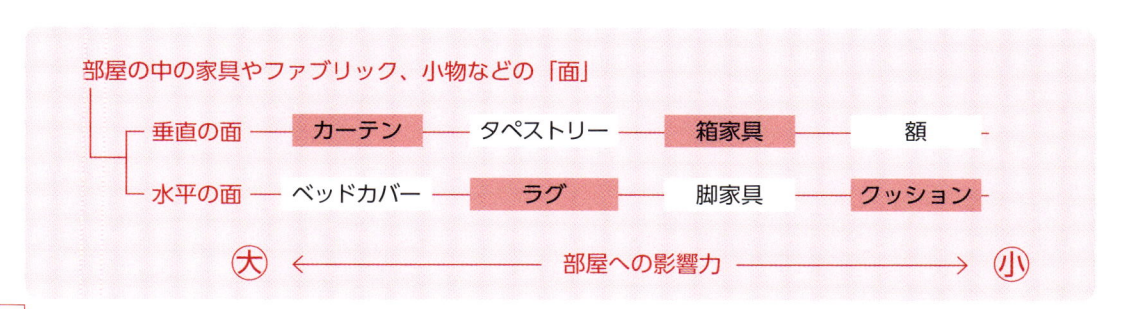

部屋の中の家具やファブリック、小物などの「面」

垂直の面	カーテン	タペストリー	箱家具	額
水平の面	ベッドカバー	ラグ	脚家具	クッション

大 ← 部屋への影響力 → 小

☞ 「**垂直面**」と「**水平面**」で色を分けてもよいのですが、単調な印象になりやすいため、アクセントカラーでポイントをつけるようにします。
☞ 下記のように簡単な室内の絵を描いて、色を塗り分けてみると、全体のバランスがよく分かります。部分ごとの色の変更や、アクセントカラーをどこに入れるかなどの判断がつきやすくなります。

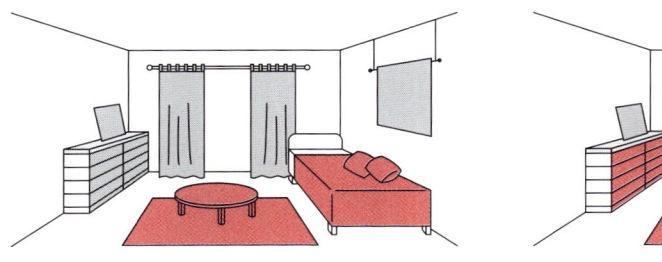

垂直と水平で分ける 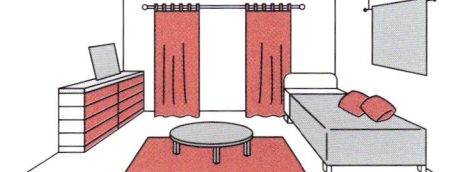　　　　　　　　垂直と水平が混合

ノート

一般に配色の要素は、「ベースカラー」「サブカラー」「アクセントカラー」の3つといわれています。実際に室内の色をバランスよく整えるには、ある程度の知識が必要です。そこで、一般的な知識に加え少し視点を変えて自分でできる範囲の色のコーディネートの方法を紹介します。

ベースカラー （全体の70％）	一般知識	メインカラーとも呼ばれ、最も大きな面積を占め全体のイメージをつくり出す色
	住まい方 アドバイザー の視点	室内の天井・壁・床・ドアなど、新築やリフォームをしない限り変えることができない室内全体の色。そのため、ベースカラーを絵を描くキャンバスの役目と考え、サブカラーやアクセントカラーに使う色を決めていく
サブカラー （全体の25％）	一般知識	ベースカラーの次に大きな面積を占める、ベースカラーを補う色
	住まい方 アドバイザー の視点	カーテン・ベッドカバー・ラグなどの大きな面積を占めるファブリック類やソファー・イス・テーブル・飾り棚などをサブカラーと考え、色をまとめる
アクセントカラー （全体5％）	一般知識	最も小さな面積でありながら一番目立つ色であり、全体を引き締め目を引く色
	住まい方 アドバイザー の視点	クッション・照明・置き物・飾り物などの小物類で、部屋のアクセントとなる色を表現する

各カラーに「何色まで！」という決まりはとくにないのですが、色の数を増やすと全体のバランスをとることがむずかしくなるため、慣れない間は各1～2色でまとめるところから始めるとよいでしょう。具体的な「物」でサブカラーやアクセントカラーを決める方法は、片づけたあとや引っ越し先、部屋のレイアウト替えのときなど、それほどむずかしくなく、色のコーディネートにチャレンジができます。

■ 簡単にイメージが変わる布の活用方法

〈布:色柄が多彩で、価格のバリエーションが豊富〉

- **小さな物の色を変えてみる**
  カーテン、ベッドカバー、ラグなど、大きな物の色を基本にして、クッションカバー、照明カバー、鉢カバーなどを布で包んだり、布を貼ったりして、アクセントになるように替えてみます。予算的な負担も少なく、気軽にイメージチェンジを楽しめる。

- **大きな面の色を変えてみる**
  買い替えがなかなかむずかしいソファーなどは布を掛けたり、カバーを変えるだけでも部屋全体のイメージが大きく変わります。そのほかにもベッドカバーやテーブルクロス、壁に掛けるタペストリーやパネルも、「変える」ことで、イメージチェンジに役立つ。

- 布選びに迷った場合は、家の中の写真を持参し、売り場で見比べたり、布を少量だけ購入し、家に帰って合わせてみるのもよい。

ディスプレイの基本

■ 壁

一般的に部屋の中で一番面積が大きく、目線の中心となるため、部屋のイメージに与える影響が大きい場所です。「無難な白い壁」は、「飾りたい物」のキャンバスとみなします。

絵や写真などを額やパネルに入れて飾る場合、基本となるのが「ラインをそろえる」ことです。代表的なそろえ方は、以下の3つです。

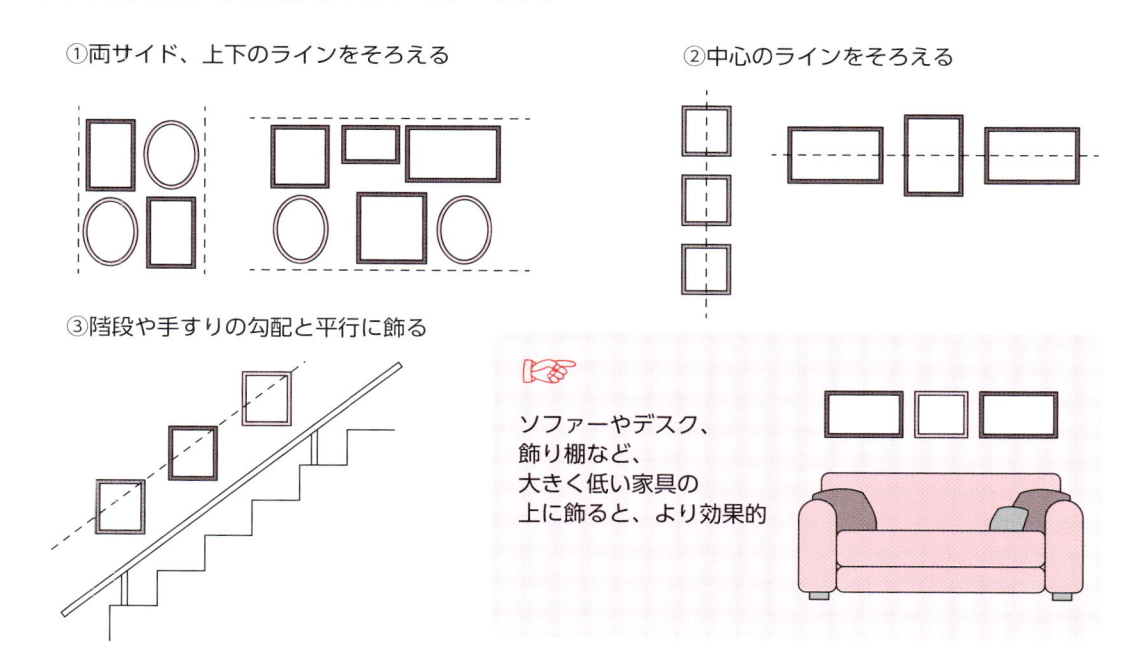

①両サイド、上下のラインをそろえる

②中心のラインをそろえる

③階段や手すりの勾配と平行に飾る

☞ ソファーやデスク、飾り棚など、大きく低い家具の上に飾ると、より効果的

■ その他の壁の飾り方

　最近では壁に簡単に脱着できる「ウォールステッカー」や「ボーダーテープ」などがたくさん売られています。そのほかに居ごこちのいい室内にするために、①～④の方法もあります。

①気にいった布をタペストリー風に飾る

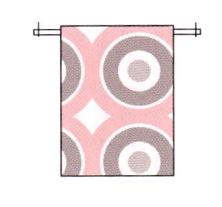

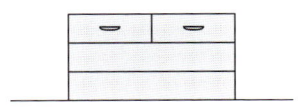

②気にいった布を額に入れて飾る

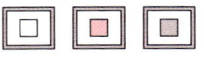

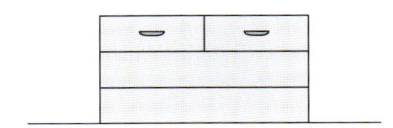

③飾り棚をつける

④モビールなど立体感のある物を飾る

■ 床

　床は天井や壁、家具、ファブリックなどインテリアすべての「土台」となります。

　ラグを敷くと目線がラグにいくため、部屋の重心が低くなり、天井が高く見えるだけでなく、家具や空間が落ち着きます。

　ソファーの下に敷き込むのもいいのですが、壁際にくっつけてしまうと、ラグではなくなり、たんなる敷物になってしまいます。ラグをインテリアの1つとするには、必ずまわりに空間が必要です。

■ 小物の飾り方

〈シンメトリー〉

同じアイテムを左右対称に並べることで秩序が生まれる。

〈三角形に飾る〉

高さの違う物を飾るときは、背の高い物から順に三角形になるように並べる。奥行きがある場所では、一番奥に背の高い物を置き、手前になるに従って背の低い物を並べるとバランスがとりやすくなる。

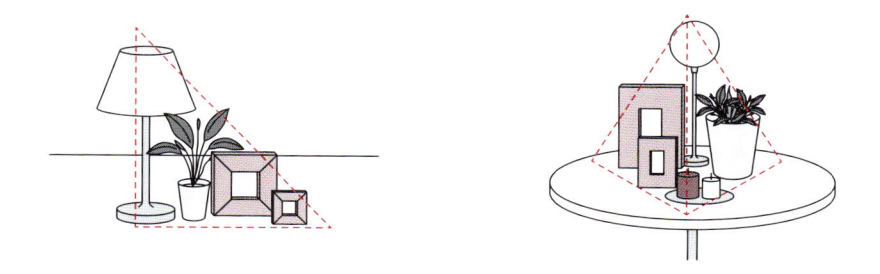

〈背景を用意する〉

パネルや布、本などを後ろに置き、前に並べた物が映えるようにする。

〈ステージに乗せる〉

　飾りたい物を何気なく置いただけでは「何気ない物」になってしまう。**枠や台＝ステージ**に乗せることで、1つひとつのアイテムがインテリア小物となる。

【イスの上】

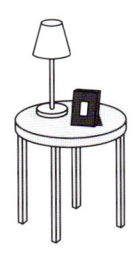

【トレイ】

【布】

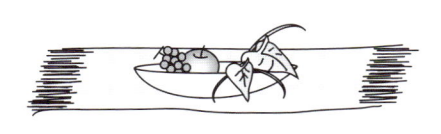

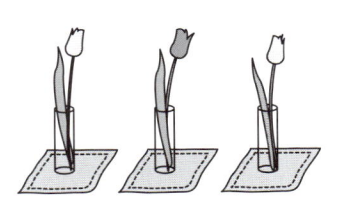

5 インテリア

📕 ノート　　　インテリア用品を買うときの心構え　5カ条

(1) 決め手となる資料を持っていく
部屋の写真や雑誌、理想とするコーディネートの写真などを持っていき、それらと照らし合わせながら選びましょう。記憶だけでイメージ通りの物を見つけるのは、とてもむずかしいことです。部屋のイメージの参考になるように、かさばらないカーテンのタッセルやクッションカバーなど持参すると、色選びにとても役立ちます。

(2) 予算の範囲を決めていく
ある程度予算を決めておくことが大切です。予算をオーバーしても、どうしてもほしい物なら、思い切って買えば、それは「**思いきった物**」になります。その結果、そのインテリア用品がかけがえのない、暮らしの核になることもあります。
逆に「**安いからとりあえず買う**」とわりきった買い物の場合、その安さやお得感に納得していれば、あとで本当に気に入った物を見つけたときや、使わなくなったときも処分に迷わなくて済みます。
「**なんとなく買った物**」は、なんとなく部屋に残り、中途半端な存在になりがちです。お店の人のおすすめの言葉などに惑わされず、あくまでも部屋のイメージや好みを意識して選ぶことが大切です。

(3) 最低2カ所の店を回る
1軒目は高価格な店、2軒目は比較的低価格な店に行くようにします。高い物を見てから安い物を見ると、「この価格ならこれで十分」と思えますが、この順番が逆になると、高価格な店にある物の方がよく見えてしまい、予算をオーバーしたり、低価格な物を買うことがとてもさみしく思えてしまうことがあるからです。
買い物の順番も暮らしを整える大切なポイントです。

(4) ショップに入ったら目的の物のところにまず行く
目的の場所に行くまでにあちこち目移りしていると、目的の場所に着いたときには集中力が下がったり、気持ちが散漫になったりして、不要な物を買ってしまう原因となります。

(5) あと一歩で迷ったときは店から出る
「迷い」はほしい気持ちが低い表われです。少しでも迷ったら「なぜ迷っているのか？」その理由を考えます。「今日限り」「残り数点」などの言葉に惑わされそうになったときこそ、冷静さが必要です。こんなときは、いったん店を離れ、よく考え、ほしい理由が明確になったら購入します。迷った物は「縁がない物」と思い、新しい素敵な物への出会いに気持ちを切り替えましょう。物と最後まで付き合う覚悟が必要です。

5

インテリア

6 洋服の管理について

- 洋服の正しい整理法を知る
- 掛ける収納とたたむ収納の違いを知る
- 洋服の素材と収納位置、収納場所の特徴を知る

洋服を管理する方法としては「掛ける」か「たたむ」かの2つに分かれます。大切な洋服を収納するためには、「掛ける」「たたむ」の方法はもちろんのこと、各洋服の特徴を知ることです。そして何よりも大切なことは、洋服を傷めず、正しく、合理的な方法をきちんと理解し、適切に管理することです。そうすることで大切な洋服と長く付き合うことができるようになります。

1.洋服の整理方法

洋服の素材や機能の進化と共に年々流行のサイクルも早くなり、家の中に増えてしまう洋服。収まりきらない洋服があちこちに積み重ねられている光景をよく目にします。

しかし、残念なことにこのような状態ではどんなに正しい「洋服の管理」方法もまったく役に立ちません。

正しい「洋服の管理」を実行する第一歩は、洋服を「整理」することです。

整理作業で本当に必要な洋服だけにし、それを正しく収納するための「洋服の管理」知識を役立たせるには、整理作業の前に「現状の把握」をすることです。

いつも使っているクローゼットやタンスのほかにも洋服をしまい込んでいないかどうかを十分にチェックします。

整理作業が終わったあとで上記の存在に気づいた場合、作業の二度手間だけでなく、すっきり収まった収納スペースにも影響を及ぼすことになりかねません。

現状を把握する効果
- 整理作業の無駄を起こさせない
- 全体の洋服の量や状況を冷静に確認することで、不要な物を処分する「覚悟」ができる

しかし、実際に「いる」「いらない」の選別の途中、何らかの理由で処分に迷ってしまい、整理作業が進まなくなることがよくあります。

そこで、少しでも「いる」「いらない」の判別をしやすくするために所有している洋服を**内容別に分類します**。

分類することで、「どんな衣類を」「どれだけ所有しているのか」が具体的に分かり「自分に似合う物と似合わない物」「好みの物とそうでない物」など、不要な物を見つけ出しやすくなります。

> **ノート**
>
> 処分する洋服の中でジャケットやコートなどの大きめのボタンのみをいくつか残し、「ピアスホルダー」として利用してみましょう。
> ボタンはとくに行方不明になりやすい、小さなピアスの便利な収納道具として活用できます。ボタンの色でピアスの使用頻度やデザイン別に区別して収納するのもよいでしょう。

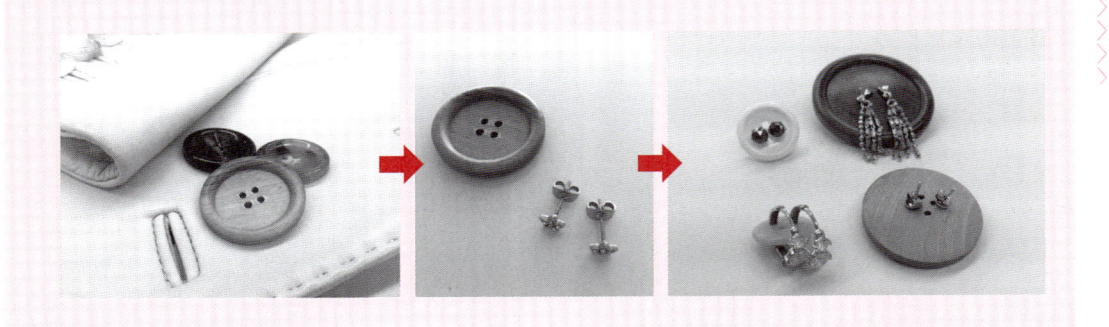

6 洋服

整理

　家の中の洋服をすべて1カ所に出し、人別に振り分けます。このとき、下記の②〜⑤の物がある場合は別にし、不要な洋服は処分します。また、人別の洋服は（右ページに進み）各個人の物を5つのステップで分けながら整理し作業を進めていきます。

①人別

②冠婚葬祭
礼服
パーティードレス
— 小物類も含め、本当に必要な物だけにすること

③一時保管※
リフォーム
バザー予定

④長期保管
マタニティ
子ども服の着まわし
—「とっておく理由」と「使用する時期」を吟味する

⑤思い出
— なんのため、誰のため、どんなふうに残すかを決める

→ 答えが明確でない物は処分！

※〈保管〉＝必要なときにすぐに取り出せるように管理をしながら持っている
　〈保存〉＝大切な物だが、日常まったく使わない

人別整理の手順

STEP 1
人別に分ける（行き場の目安）

STEP 2
アイテム別に分ける（内容と量の目安）
➡ 同じアイテムを見比べることで要・不要が判断しやすくなる
- スーツ
- スカート
- パンツ　ほか

STEP 3
シーズン別に分ける（収納位置の目安）
➡ それぞれのシーズンで本当に必要なのか、
シーズンを背景に判断してみる
- 夏
- 冬
- 合物（オールシーズン）

STEP 4
使用目的別に分ける（要・不要を見極める最終の目安）
➡ このステップで重要なのは、仕事で着る洋服、特別な日の洋服など、
それが本当に着る機会があるのかどうかチェックし、
「着られる」ではなく「着る」「着たい」洋服だけにすること
- 普段着
- よそいき着
- 仕事着

STEP 5
不要な洋服の処分方法
　➡ **売る・譲る・処分する**

各ステップで「不要」と判断した物はそのつど処分すること

6 洋服

☑ **チェック！**
洋服の量の決め方
　スペースで決める（決めやすい）　／　数で決める（最低必要数をイメージする）

2.洋服の収納方法

洋服の収納方法は大きく分けて「掛ける」と「たたむ」の2つがあります。

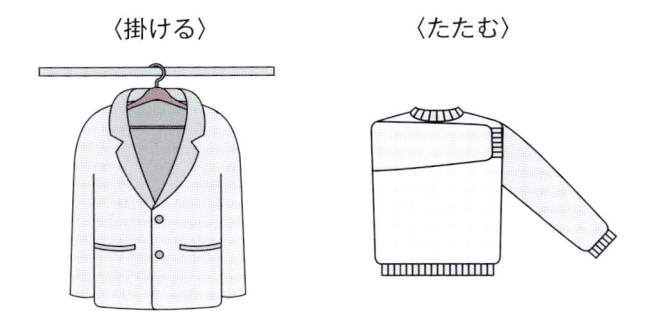

〈掛ける〉　〈たたむ〉

掛ける

本来、洋服は人が身につける物であり、それと同じような状態で洋服をハンガーに「掛ける」行為は、洋服にとって理にかなった収納方法といえます。

洋服を「掛ける」ことで型崩れをおこしてしまうセーター類などの「編物」系は別として、ほとんどの洋服が「掛ける」収納に適しています。そのため、正しい「掛け方」の知識を身につけ、大切な洋服を上手に管理することが重要となります。

■ 「掛ける」洋服の指定席の決め方

限られた「掛ける」ための収納スペースを有効に利用し、管理しやすくするためには洋服の正しい「指定席」の決め方がポイントになります。

「掛ける」洋服の指定席を決める手順は、以下の通りです。
① 人別　　家族別に分けることで「行き場所」が決まる
② アイテム別　同じアイテムは長さがそろえやすく、指定席が決めやすい
　　　　　　　また、無駄な空間をつくらない
③ シーズン別　衣替えの負担を軽くするだけでなく、収納位置が決めやすい
④ 使用目的別　使用目的を明確にすることでさらに具体的な位置が決まる

■ 「掛ける」収納の利点
① 出し入れしやすい
② どこに何があるのか分かりやすい
③ シワになりにくく、型崩れしにくい
などの利点があります。

　　☞ ただし、詰め過ぎてしまうと、上記のメリットはマイナスとなる

■ 正しいハンガーの選び方

　洋服に合わないハンガーを使うと、逆にシワや型崩れの原因になってしまいます。
　衣類の管理を考えるときは収納方法や予算を検討するのと同じくらい、どのハンガーにするか、しっかり選ぶことが重要です。

ポイント1「肩幅」

ハンガーにはさまざまなサイズがあり、用途も子ども（赤ちゃん）用、女性用、男性用などがあります。

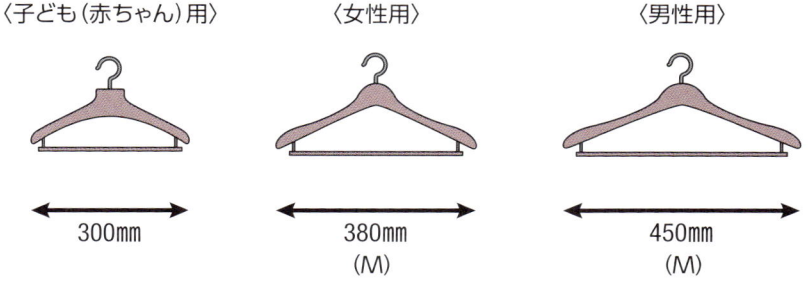

〈子ども（赤ちゃん）用〉　300mm
〈女性用〉　380mm（M）
〈男性用〉　450mm（M）

☞ 掛ける洋服の肩幅より10mm程度小さめの幅の物を選ぶと、洋服の収まりに無理がありません。

ポイント2「厚み」

　一般的なスーツなどを掛けるハンガーの厚みは20mm～40mm。厚すぎたり、薄すぎたりすると型崩れの原因になります。また、無駄な厚みは収納スペースにも影響します。

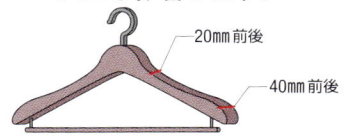

20mm前後
40mm前後

ポイント3「肩のライン」

肩先が少し内側にカーブしている物を選びます。

〈カーブが強いハンガーの問題点〉
肩先
肩先が内側に入りすぎていると前身頃にシワが寄る

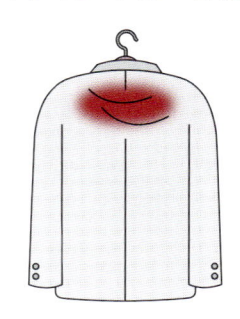

〈まっすぐなハンガーの問題点〉
肩先がカーブしていないハンガーだと首の後ろがシワになってしまう

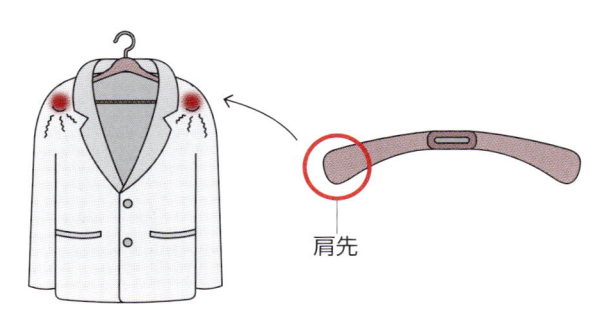

ポイント 4 「素材」

ハンガーにはいくつかの素材がありますがそのなかでも一般的に使われているのが木製とプラスチック製のものです。

〈木製〉　耐久性、防静電気の面で優れている。木の種類や塗装の有無によって防虫、防湿性、防臭にも優れている物もある

〈プラスチック製〉　木製に比べ防湿性、防静電気は劣るが、耐久性があり種類が豊富

ポイント 5 「用途」

ハンガーを用途別に選ぶことも大切です。

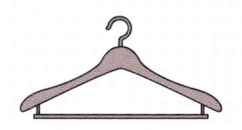

●上着用
人の肩の形と同じような肩ラインと適度な厚みが型崩れを防ぐ

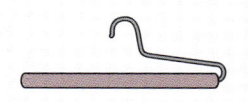

●パンツ専用
2つ折りにすることで、パンツの出し入れだけでなく、収納スペースの高さに対する工夫がしやすくなる。折りジワがつきにくいようバーの直径が10mm前後の太めで滑りにくい加工がされている物を選ぶこと

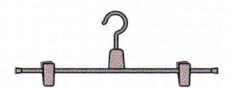

●スカート・パンツ用
吊るしながら自然にシワを伸ばしてくれる。はさむ力が適度にある物を選ぶこと。また、はさむ部分のピンチが大きすぎないこと。ほかの洋服にひっかかり、出し入れがしづらくなる

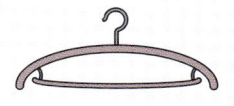

●シャツ・ブラウス用
シャツやブラウスなどの薄物衣類に適した厚みのないハンガー。フェルトやラバー製のストッパーが付いた物や、肩ひもが掛けられる工夫がある物を選ぶとズリ落ち防止になる

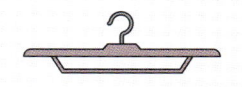

●和服用ハンガー
直線で、柄の長さが135mm以上、伸ばせば着物用になり、折りたたむと洋服用になる。2ウェイタイプの物が便利

■ 洋服カバーについて

基本的にハンガーに掛けた洋服には洋服カバーをかけます。

クローゼットに掛かっている洋服の場合、洋服を出し入れするたびに扉の開閉で床にたまったほこりが舞い上がり、そのほこりが洋服にかかってしまうため、できるだけ洋服カバーをかけるようにします。

そのほかにも日焼けから洋服を守ったり、洋服同士のこすれを防止する役割もあります。

洋服を大切にするために、洋服カバーはかかせないアイテムです。

■ 正しい洋服カバーの選び方

ポイント 1 「長さ」

市販されている洋服カバーは、「ショルダー用」、「ジャケット用」、「コート用」の3種類が基本となりますが、最近では、洋服のサイズも多様化しているため、カバーの長さもバリエーションが豊富になりました。

無駄に長い洋服カバーは、収納スペースの邪魔になるので、洋服の長さに合った物を選ぶ必要があります。

〈 ショルダー用 〉　約50cm

〈 ジャケット用 〉　約100cm

〈 コート・ワンピース用 〉　約135cm

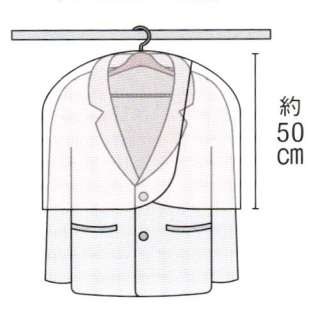

〈用途〉
カバーの丈が短い分、カバーを掛けたまま洋服を出し入れできる。また、ひと目で判別しやすいため、日常・シーズン中として利用

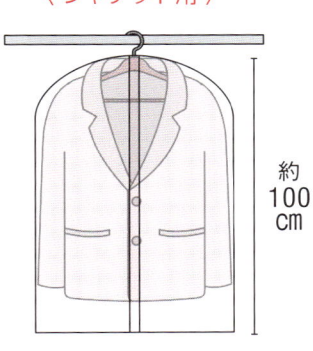

〈用途〉
シーズンオフ、大切な洋服、冠婚葬祭用などに利用

〈用途〉
ジャケット用と同じ

ポイント 2 「厚み」

冬のコートなど厚みのある物にはマチのあるタイプを選びましょう。

ポイント 3 「形状」

右図のようなサイド開きのものを選ぶとパイプに掛けたまま洋服の出し入れができます。

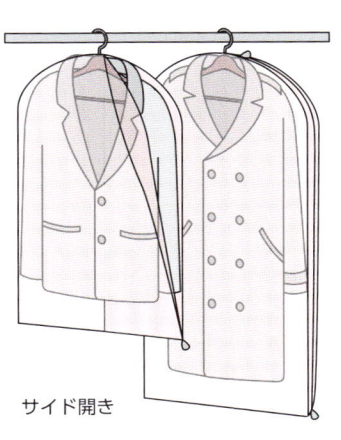

サイド開き

6 洋服

ポイント 4 「素材」

洋服カバーの「素材」は2種類に分かれます。

素材	原料	特徴
布性	綿100% 混紡（綿＋ポリエステル）	色や素材感、デザイン性を楽しめる
不織布	ポリプロピレン（PP）	カバー自体に防虫剤・炭入りなどの加工が施されているものもある

　クリーニング店のビニール製のカバーは運搬用の物と考え、自宅では外し、より通気性のよい布や不織布のカバーに変えるようにします。

　クリーニング店のビニールカバーをそのままにしておくとクリーニング時の湿気が残っている場合、カビの原因になったり、石油系の臭いが取れなくなってしまうこともまれにあるので、注意が必要です。

☑ チェック！

掛けるときのポイント

①ハンガーはできるだけ同じ物にそろえる。ハンガーをそろえると肩先の位置がそろい視覚的にすっきり見える（それによって、その状態を維持する気持ちが強くなる）

②夏物・冬物、または人別など、洋服の内容がカバーがかかっていてもひと目で分かるように、ハンガーの首に約20㎜～30㎜にカットしたストローをつける

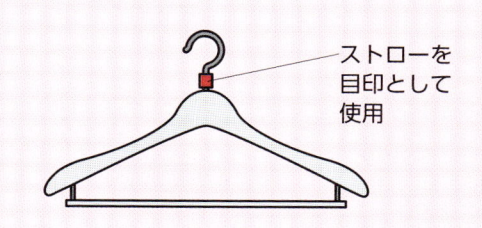

ストローを目印として使用

③ワイシャツは第1ボタンだけをとめると、えり元に余計なシワができやすいため、第1ボタンと第2ボタンをとめておく

たたむ

　本来は、「たたむ」より「掛ける」方が管理がラクですが、掛けるスペースが限られている場合はたたむ技術で洋服の管理を補います。洋服をたたむ場合、目安の1つとして洋服を「編物」と「織物」の2つで考えます。洋服はセーターやTシャツ、トレーナーなどの「編物」とワイシャツやブラウス、スーツなどの「織物」に分けられます。縦糸と横糸を交錯させて作った「織物」は形が保ちやすくハンガーに掛けても型崩れしませんが、「編物」は伸縮性に富む分、ハンガーに掛けると型崩れを起こします。とくにざっくりと編まれたセーターやカーディガンは必ずたたむこと。ただし裏地がついているものや、Tシャツやポロシャツのように軽いものであれば、型崩れはそれほど心配する必要はありません。

■ **たたみ方三原則**

①**素材に合わせる**　……………動物性や植物性の繊維が70％以上混ざっている洋服を「丸めて保管」する場合は要注意。繊維を圧縮しすぎると風合いが戻らない場合もある

②**無駄な空間をつくらない**　……「四角く」「平らに（厚さを均等に）」たたむ

③**洋服のデザインに合わせる**…スパンコールやリボンなどの飾りがついている洋服は、その特徴に合わせ、できるだけ型崩れせずシワにならないように工夫してたたむ

■ **収納用品（引出し）とたたみ方**

　洋服をたたんで収納するとき、よく使われるのが「引出し」です。引出しに効率よくたたんだ洋服を収めるには、「幅」「奥行き」「高さ」と「たたみ方」の関係を知ることが大切です。

洋服	収め方を決める	たたみ方のポイント	注意点
幅	左右何列並べられるか	肩幅で調整	首の幅より細くたたまないこと（ボートネックは別）
奥行き	前後何列並べられるか	何回折りたたむかで調整（2つ折り、3つ折り）	折り数を増やすと折りジワも増えることを意識すること
高さ	浅い	寝かせる	下の物が取り出しにくくならないように、重ねすぎないこと
	深い	立てる	深い場合、スタッキングできるバスケットで上下使いする

浅い場合 ➡ 寝かせる　　　深い場合 ➡ 立てる

■ **たたみ方の基本と応用**

　洋服をたたむときは、洋服の形や素材の特徴に合わせて洋服そのものがシワになりにくく傷まないようなたたみ方を身につけておくことが大切です。

基本のたたみ方

収納スペースにとらわれることなく簡単に同じ大きさにたたむ方法

※向きに注意

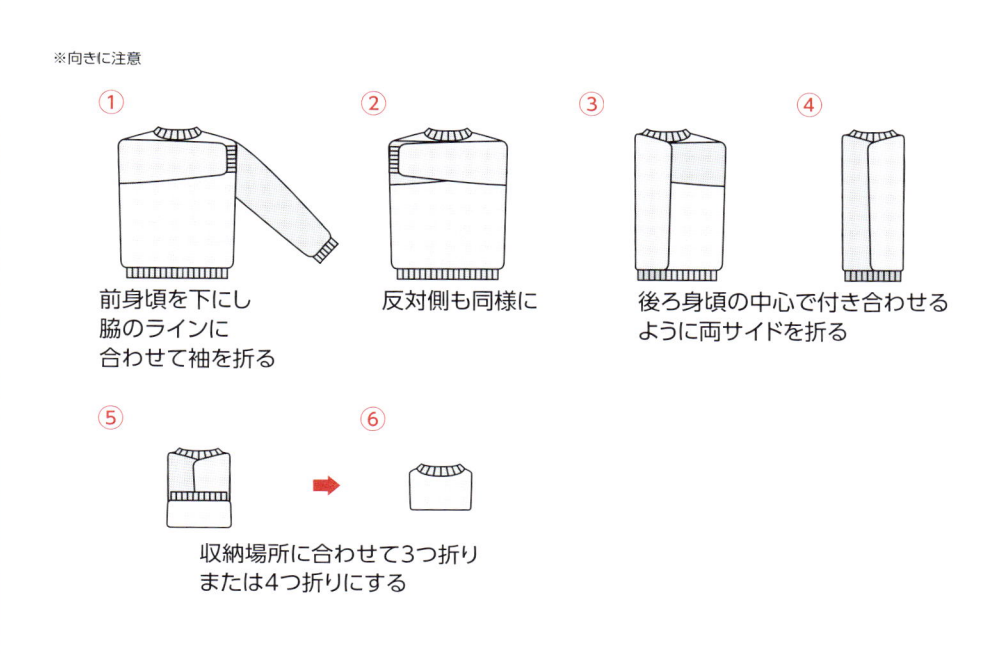

① 前身頃を下にし脇のラインに合わせて袖を折る

② 反対側も同様に

③ 後ろ身頃の中心で付き合わせるように両サイドを折る

④

⑤

⑥ 収納場所に合わせて3つ折りまたは4つ折りにする

応用のたたみ方

収納スペースに合うように、肩幅を調整しながらたたむ方法

※向きに注意

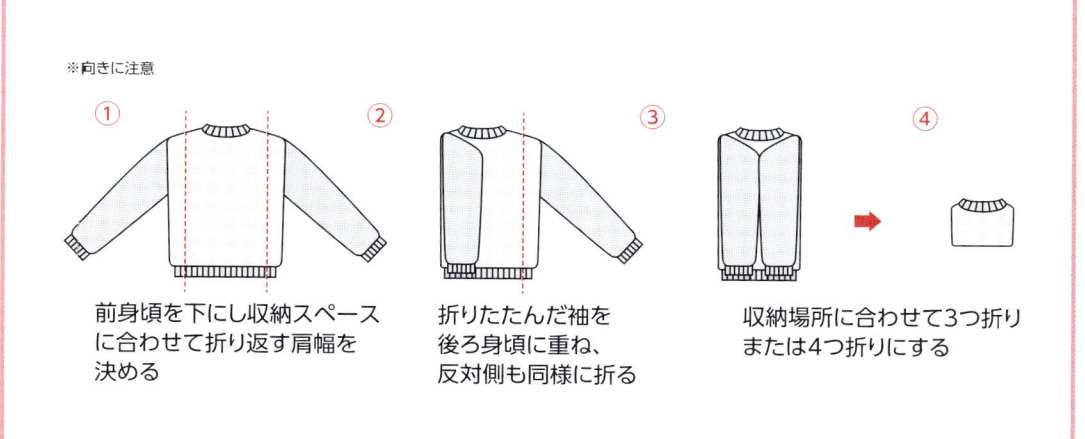

① 前身頃を下にし収納スペースに合わせて折り返す肩幅を決める

② 折りたたんだ袖を後ろ身頃に重ね、反対側も同様に折る

③ 収納場所に合わせて3つ折りまたは4つ折りにする

④

■ カーディガン・パーカー・タートルネックのたたみ方

カーディガン ※向きに注意

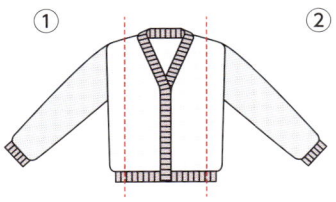

① 前身頃を上にし、ボタンをすべて外してボタンホールをボタンの上に重ねる

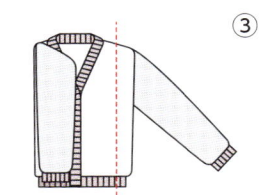

② あとは応用のたたみ方をする

③

④

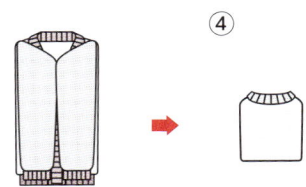

パーカー ※向きに注意

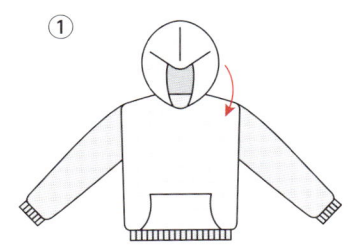

① 前身頃を上にしてフード部分をイカのエンペラのように平らにたたむ

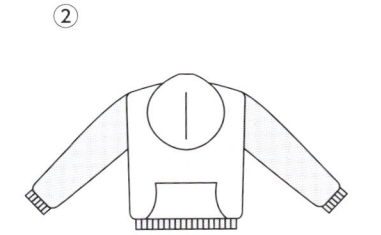

② フード部分を首の付け根から前身頃に重ね折りする

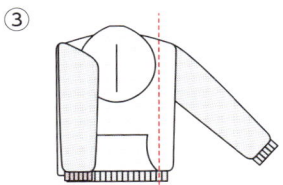

③ 袖でフード部分を押さえるようにたたむ

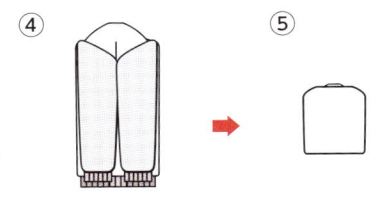

④ あとは応用のたたみ方をする

⑤

タートルネック

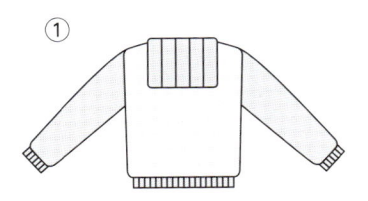

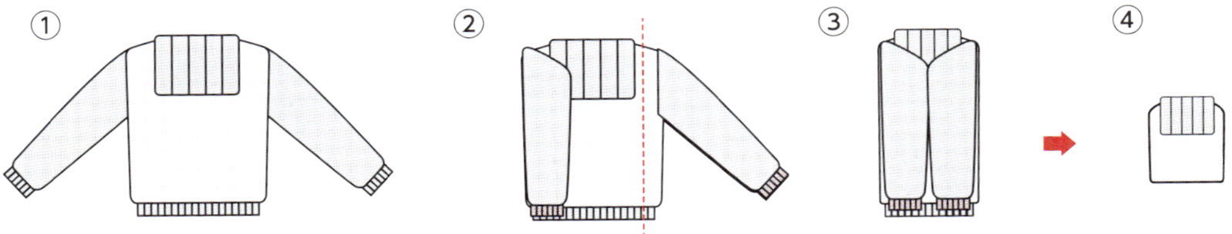

① 前身頃を上にしタートル部分を前身頃に重ね折りする

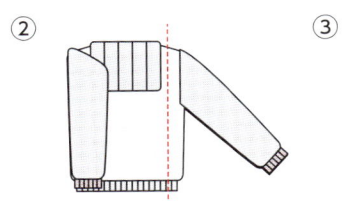

② あとは応用のたたみ方をする

③

④

6 洋服

■ 厚手のセーターのたたみ方

厚みがあり過ぎてたたみづらく、引出しにも収まりづらいセーターの場合

※向きに注意

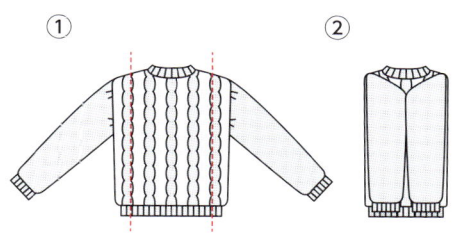

① ②まで「応用のたたみ方」と同じようにたたむ

②

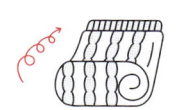

③ 衿元から裾に向けて軽く巻いていく

④ 面ファスナーのオス面とメス面を一部重ね合わせたベルトを2本用意し、巻いてとめる

※上向きにしたオス面から巻き始めるとセーターを傷めない
※目の細かい洗濯ネットを利用する方法もある

■ ワイシャツのたたみ方

① 第1・第2ボタンをとめることで、首まわりのシワを防止する

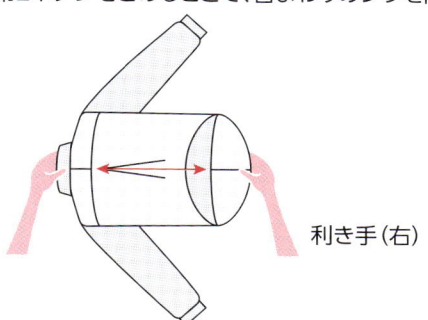

利き手（右）

利き手側にワイシャツの裾がくるように、前身頃を下にして置き、利き手と反対の手で衿を軽く持って固定し、利き手で前身頃の裾中央を軽く引っ張って全体を整える

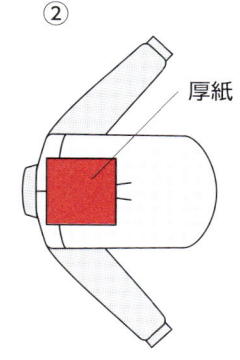

② 厚紙

たたみたい大きさにカットした厚紙を衿の下中央に置く

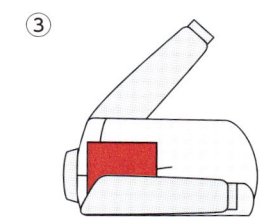

③ 厚紙の幅に合わせて左右の脇を折り、袖を重ねる

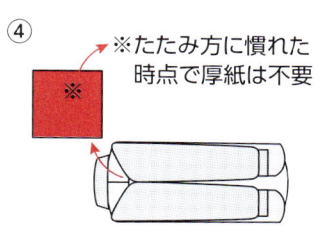

④ ※たたみ方に慣れた時点で厚紙は不要

厚紙を抜き取り、収納したい場所に合わせて3つ折りまたは4つ折りにする

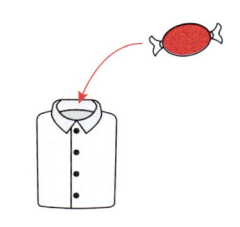

⑤ ネックホルダー（ストッキングのなかに不要になったTシャツなどを詰めたもの）を首に詰める

■ プリーツスカートのたたみ方

① スカート幅よりやや長めに切った細長い厚紙にスキマテープを貼った物を2本つくり、スキマテープを貼った面でスカートをはさみずれないようにし、両側をホッチキスでとめる

② 筒状に丸めた新聞紙を片足分に切ったストッキングに入れてクッション棒をつくり、それをスカートの長さの中心に置いて、2つ折りする

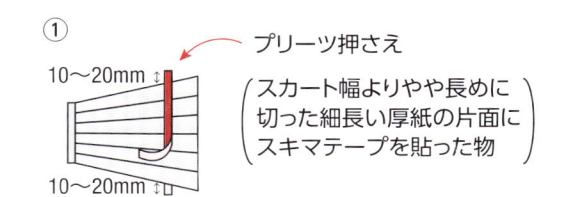

①
10〜20mm
10〜20mm
プリーツ押さえ
（スカート幅よりやや長めに切った細長い厚紙の片面にスキマテープを貼った物）

プリーツを整えて2本のプリーツ押さえで裾を挟み、両脇をホチキスでとめる

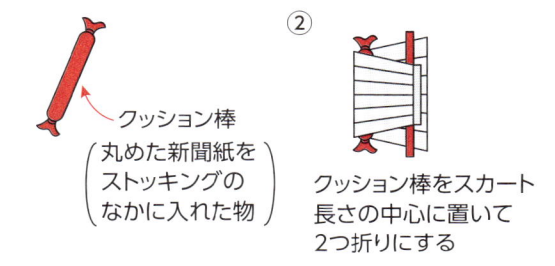

クッション棒
（丸めた新聞紙をストッキングのなかに入れた物）

②
クッション棒をスカート長さの中心に置いて2つ折りにする

■ ジャケットのたたみ方

① 前身頃を上にして、ボタンを外し、自然に重ねる
ハンドタオルを両襟の下にはさみ、肩パッドとの段差をなくして、襟や肩まわりの型崩れを防ぐ

② クッション棒を着丈の中心に置いて、2つ折りする

※向きに注意

① 前身頃を上にしてボタンを外しボタンホールを上にして両袖を自然に重ねる

ハンドタオルを両衿の下に挟み、肩パットとの段差をなくして衿や肩まわりの型崩れを防ぐ

ハンドタオル

② クッション棒を着丈の中心に置いて2つ折りにする

③

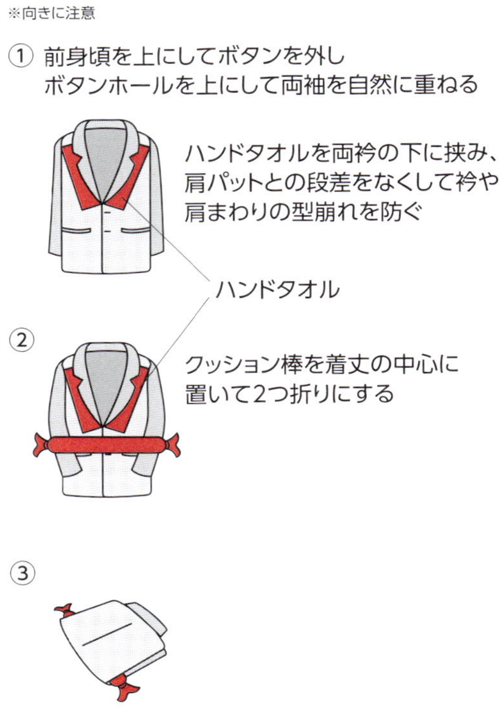

6 洋服

■ スーツのたたみ方

※向きに注意

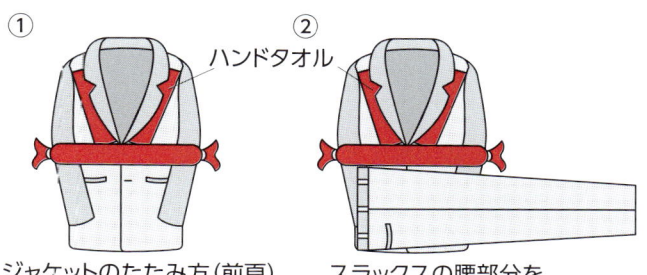

① ジャケットのたたみ方（前頁）と同様にハンドタオルを両衿の下に挟みクッション棒をのせる

② ハンドタオル／スラックスの腰部分をジャケットの裾に合わせて重ねて置く

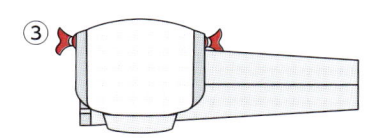

③ ジャケットの上半分を手前に折る

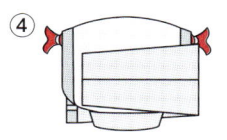

④ ジャケットからはみ出たパンツの裾部分を上に折り返す

■ スラックスのたたみ方

① 2枚のスラックスを同じ方向に半分ほどずらして重ねて置く

② 下のスラックスのウエスト部分を折り返して上のパンツに重ねる

③ もう一方のスラックスの裾部分を、互い違いになるように折り返す

■ ポロシャツのたたみ方

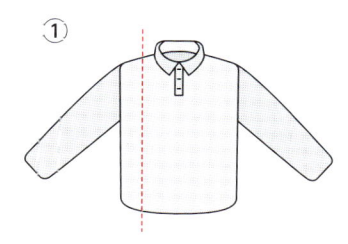

① ボタンを外して衿を折って形を整える

② あとは応用のたたみ方をする（P120）

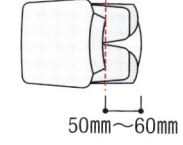

③

④ 50mm〜60mm／裾を50mm〜60mm出すように折る

⑤ 衿の型崩れを防ぐためはみ出させた裾を衿に重ねる

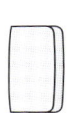

⑥ もうひと折りし4つ折りにする

■ スカートのたたみ方

① 2枚のスカートを逆向きに裾から半分くらい重ね合わせて置き、はみ出た裾部分を内側に折り返す

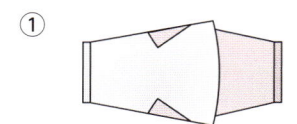

② 下のスカートを折り返す

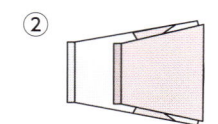

③ 上のスカートも同様に折り返す

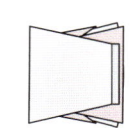

※それぞれ2〜3枚ずつ重ねると、スカートの厚みでよりシワができにくい

■ パジャマのたたみ方

① 前身頃を上にし、ボタンを外して衿を折って形を整える

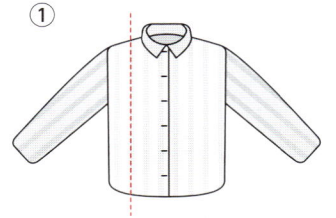

② あとは応用のたたみ方をする(P120)

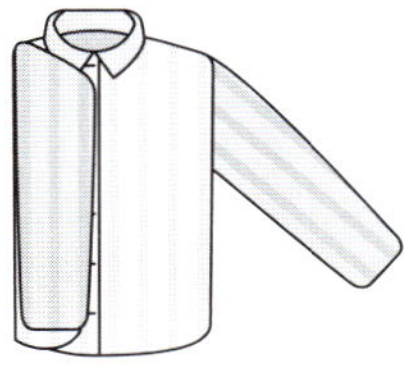

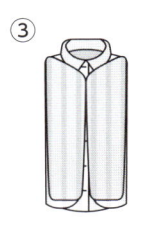

③

④ 股上の縫い目から折って両足を重ね2つ折りにする

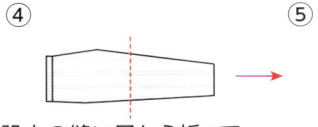

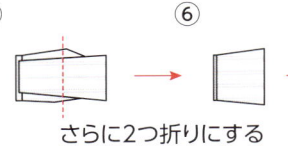

⑤

⑥ さらに2つ折りにする

⑦ たたんだズボンの長辺がタテになるようにシャツの胸部分に重ねて置き、シャツを2つ折りにする

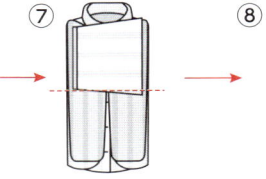

⑧

⑨ 収納場所に合わせて2つ折りまたは3つ折りにする

■ ショーツのたたみ方

① 正面を上にして置く

② 片側1/3をタテに折る

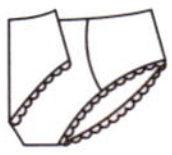

③ 反対側も同様

④ ゴムの履き口を1/3手前に折る

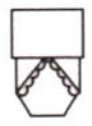

⑤ 下の1/3を折って履き口の中に差込む

☞ 正面のデザインで見分けたいときには、後ろを上にしてたたみはじめる

■ ブラジャーのたたみ方

① ホックをかけて、ストラップを内側に入れる

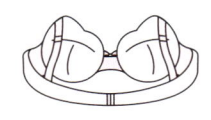

② このままの状態で立てて並べたり寝かして並べる

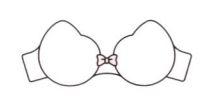

※コンパクトに収めたい場合は、ブラジャーの中心から半分折りにし、片側のカップに合わせて形を整える

6 洋服

> **仕切りの活用**

　最近ではさまざまなタイプの衣類の間仕切り道具が売られています。ここでは、身近な物を使った基本的な仕切り方の例やアイテムを紹介しましょう。

■ ボール紙でつくる

〈H型仕切り〉
大きくてかさばる物を仕切る場合

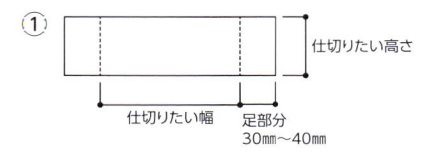

① 仕切りたい高さ／仕切りたい幅／足部分 30mm～40mm

② 内側に両面テープを貼る

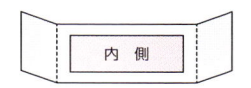

③ 同じものを2枚つくって貼り合わせる

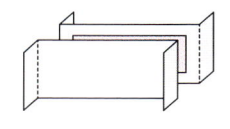

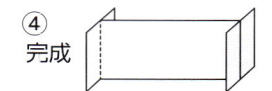

④ 完成

〈山型仕切り〉
小さくて、かさのない物を仕切る場合

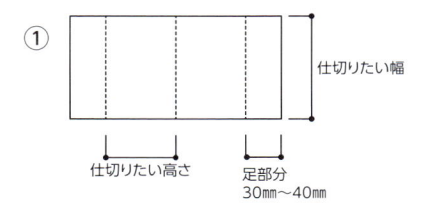

① 仕切りたい幅／仕切りたい高さ／足部分 30mm～40mm

② 内側に両面テープを貼る

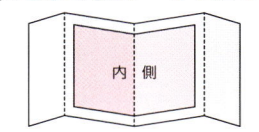

③ 山型に折って内側を貼り合わせる

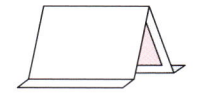

④ 完成

■ ブックエンドと面ファスナー（粘着テープ付き）

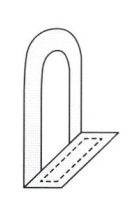

Ⓐ　Ⓑ

ブックエンドの裏底に粘着付き面ファスナー（オス面）を貼る

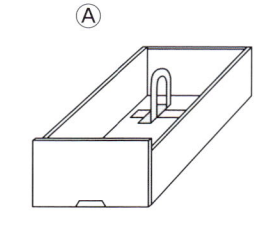

収納道具の底面に粘着付き面ファスナー（メス面）を貼る

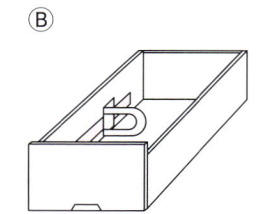

収納道具の側面に粘着付き面ファスナー（メス面）を貼る

- ブックエンドが収納用品より背が高い場合はⒷ
- 仕切りたい状態に合わせて、ブックエンドの形を選ぶとより効果的に使える

洋服の素材と収納位置

洋服の素材にはさまざまな種類があります。その素材に適した置き場に収めることが洋服管理の基本となります。

■ 素材（繊維）の種類

- **動物性繊維（ウール、カシミア、シルク、アンゴラなど）**
  〈特徴〉湿気に弱くデリケート。虫に食われやすい。

- **植物性繊維（木綿、麻）**
  〈特徴〉湿気、洗濯、温度変化に強く、虫に食われにくい。

- **化学繊維（ポリエステル、ナイロン、レーヨン、ポリウレタンなど）**
  〈特徴〉化学繊維そのものは虫に食われにくい。

- **混紡繊維＝動物性繊維（または植物繊維）＋化学繊維**

| 繊維と収納位置の関係 |

収納する高さ	収納位置の特徴 メリット／デメリット	適した繊維	注意点
上	湿気が少ない 虫に食われにくい	●動物性繊維 { ウール カシミア シルクなど	湿気に弱くデリケートな素材の物 ↕ 動物性繊維の割合が多い繊維
中		●混紡繊維 ●化学繊維	植物性繊維の割合が多い繊維 化学繊維100％の繊維
下	ほこりが溜まりやすい 湿気が溜まりやすい 虫に食われやすい	●植物性繊維 { 木綿 麻	湿気に強く自宅で気軽に洗濯できる素材の物

3.洋服の害虫

洋服を食べるのはカツオブシムシやイガの仲間の幼虫で、全長はいずれも3mm～7mm。
室温15度以上で通気性が悪く、湿気が高いと虫が発生しやすくなり、温度が高くなるほど活動が活発になります。

ヒメカツオブシムシ	●動物性タンパク質の繊維を養分とするので、汚れの付着の有無にかかわらず食害する
	●たたんである洋服を食べながら突き進み、丸い穴をあける
ヒメマルカツオブシムシ	※卵は繊維組織のすき間に産み付けられ、ブラッシング程度では落ちない
	※成虫は春先の白い花の蜜を好んで住みつくが、白系の洗濯物を花と間違えて付きやすい。花や干した洗濯物を家に入れる前には虫がついていないかよく確認すること

イガ	●繊維の種類にかかわらず、汚れ（皮脂や食べこぼしなど）が付いていれば食害する
	●1年に2～3回産卵、繁殖し、卵からかえったばかりの幼虫は非常に小さいので、タンスの狭いすき間からも簡単に侵入する
コイガ	●カツオブシムシよりも食べ跡が汚い
	※洋服を食べるだけでなく、その繊維で巣（洋服と同じ色の保護色）をつくって身を守るので一見しただけでは分からない

📝ノート　穴あき洋服を発見したら！

衣替えや、久し振りに手を通した衣類に「虫食い」の穴を見つけたとき、虫食いの2次被害が起こらないよう、正しい処理の方法を覚えておきましょう。

①タンスの中の洋服を全部出す
　→ 洋服に熱を加える（乾燥機またはアイロンがけ）
　→ 乾燥機に入れられない洋服はクリーニング店へ

②ドライヤーの熱風を引出しの隅々まで当てる

③引出しの中を掃除機かけ

④エタノールで消毒

> 害虫は乾燥と熱に弱い
> もちろん防虫剤も
> 上手に利用すること

洋服の収納場所について

洋服に適した収納場所の順位は、以下の通りです。

順位	収納場所	種類	特徴
1	整理ダンス 洋服ダンス	大切な物 よそ行き着	◎密閉性がよい ◎引出しを開閉するたびに空気が循環する
2	クローゼット	すべてOK	●大容量で出し入れしやすく管理もしやすい ▲扉を開閉するたびに床のほこりを舞い上げる （大切な洋服には洋服カバーが必要）
3	押入れ	普段着 洗いやすい物	●工夫次第でクローゼットとして利用できる ▲奥行きが深く中段で仕切られているため、洋服サイズに適していない
4	オープンクローゼット	普段着 オンシーズン	●市販の家具や道具でつくることができる ▲見た目やほこり防止に工夫が必要

防虫剤の上手な使い方

① 収納用品、収納場所の上部に置く

防虫剤の気化ガスは空気よりも重いため、収納用品内の上部にセットすると効果がまんべんなく行き渡る。

■ 防虫剤

〈 引き出し 〉　　〈 密閉ケース 〉

※4カ所のうち1～2カ所にセットする

置くタイプの防虫剤は……

- 収納用品に直接貼る
  ➡ 両面テープで固定
- 収納用品にポケットを付ける
  ➡ ジッパー付きビニール袋（極小）に穴をあけて両面テープで固定し、防虫剤を中に入れる。防虫剤の量の調整や貼り替える手間が不要

6 洋服

〈 クローゼット 〉

クローゼットの大きさに
合わせてセットする

掛けるタイプの防虫剤がないとき
は、置くタイプの防虫剤を活用

➡ 事務用のクリップに防虫剤を
はさみハンガーに引っ掛ける

②洋服を詰め込みすぎない
　洋服を詰め込んだ状態では、防虫剤が行き渡りにくく効果が半減してしまう。

③適正量を置く
　製品パッケージに記載されている適正量を守ること。

	種類	持続性	特徴	使えない材料
有臭系	パラジクロルベンゼン	約4～6カ月	効きめが早い 53℃以上で溶けてシミになる	合成皮革、ラメ、金糸、銀糸
有臭系	ナフタリン	約半年～1年	効きめがゆっくりと持続する。和服、人形に適している	ラメ、金糸、銀糸、塩化ビニール製品
有臭系	しょうのう	約半年	ウールや絹素材の洋服に適している	
無臭系	エムペントリン（ピレスロイド系）	約半年～1年	どの防虫剤とも組み合わせて使える	真鍮、銅製のボタンがついた物

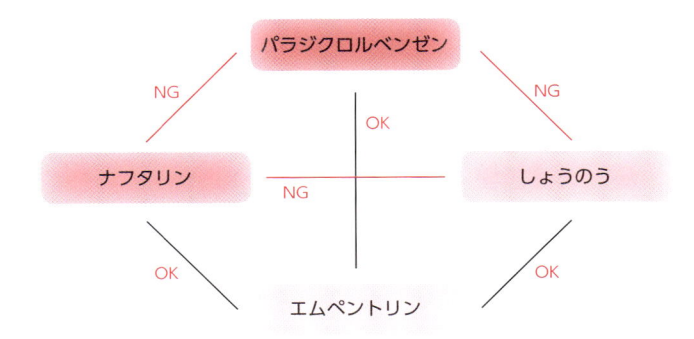

```
        パラジクロルベンゼン
       NG    |    NG
            OK
   ナフタリン ―NG― しょうのう
       OK    |    OK
         エムペントリン
```

同じメーカーの物でも必ず成分表を確認し、
併用不可の物を一緒にしないこと

注意
　種類が違う物を組み合わせると化学反応を起こして、シミになったり、繊維を傷めてしまう原因になります。ただし、殺虫剤系のエムペントリンはどれと組み合わせても大丈夫です。

除湿剤

除湿剤にはいろいろな形や種類がありますが、使いやすいのはシート状のもの。引出しや密閉ケースの底に敷くとよいでしょう。

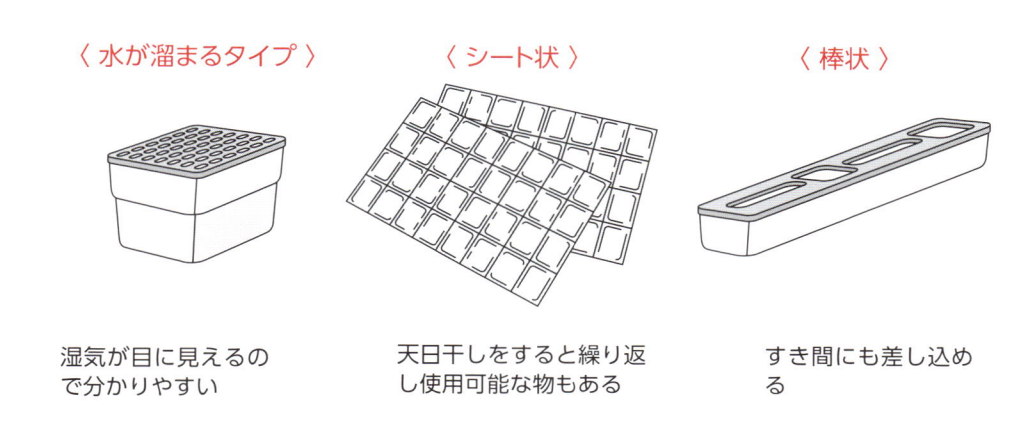

〈 水が溜まるタイプ 〉
湿気が目に見えるので分かりやすい

〈 シート状 〉
天日干しをすると繰り返し使用可能な物もある

〈 棒状 〉
すき間にも差し込める

- カビは洋服の大敵!
- 湿気の多い場所には除湿剤を利用して常に乾燥状態に保つ
- 防虫剤と一緒に使う

ノート　その日に着た洋服のしまい方

一日着ただけで目立った汚れがない洋服も、ほこりや湿気を吸着しています。すぐにタンスやクローゼットにしまうとニオイや虫食いのもとになるので注意が必要です。

〈セーター〉　①袖たたみ※ にして軽く手ではたき、ほこりを落とす
　　　　　　②通気性のよいカゴなどに入れて、湿気を飛ばす
　　　　　　③半日ほどたってから、きちんとたたんで引出しにしまう

〈スーツ類〉　①ジャケットは衿を立ててまず衿裏からブラシをあて、
　　　　　　　次に全体のほこりを上から下へ落とす
　　　　　　②風通しのよい場所に半日ほど掛けて湿気を飛ばしてから、
　　　　　　　クローゼットにしまう

※〈袖たたみ〉＝袖と袖とを合わせて簡易的にたたむ方法

6　洋服

7 掃除について

- 汚れ落としの4大要素
- お掃除救急箱の七つ道具
- 雑巾の使い方と拭き掃除の種類

一般的に家事のなかでも掃除は「苦手」のワースト3に入ります。
その理由として「疲れる」「時間がかかる」「同じことの繰り返し作業」などがあげられます。
とはいえ、どんなにうまく家の中を片づけたとしてもほこりや汚れを溜め込んでしまっては、快適な暮らしを実現することはできません。掃除の基本を身につけることで労力や時間をカットできれば、敬遠しがちな掃除にも前向きになれ、大切な住まいを清潔に保つことができるようになります。そのため、実践しやすい正しい掃除の知識を身につけることが大切です。

1.汚れ落としの3つの見極めと手順

むやみに洗剤や力に頼った掃除は無駄に「時間」や「労力」を使うだけでなく、掃除をした場所や家具を傷つけてしまうことがあります。そうならないために、掃除をする前に次の3つについて「見極める」ことが重要です。そうすることで家の中を傷めることなく効率のいい掃除をすることができます。

STEP1「汚れの種類」を見極める

汚れには「油汚れ」「水アカ」「手アカ」「ほこり」「カビ」「たばこのヤニ」など、いくつかの種類があります。まず掃除をする前に落としたい汚れが「どの種類の汚れなのか」を見極めます。そうすることでその汚れに適した洗剤を選ぶことができます。

STEP2「汚れがついたところの材質」を見極める

「汚れの種類」を把握したら次はその汚れのついている場所の材質を見極めます。材質には、水分を吸い込む「**吸水性**」のものと、水分をはじく「**耐水性**」の2種類があります。材質の見極めを間違ってしまうと、掃除をしたことで、かえって大切な家具や家の中を傷めてしまう原因となります。

吸水性の材質……　白木の柱や家具、天然木、桐ダンス、ふすま、土壁、壁紙など、木、布、紙製のもの
　　　　　　　　水分と汚れを一緒に吸収してしまうため、中に汚れがしみ込んだり洗剤で材質を傷めてしまうことがあります。そのため基本はから拭きです。汚れが落ちないときは、水や薄めた洗剤をつけて固く絞った雑巾で軽く叩きながら汚れを落とします（洗剤を使ったあとは必ず水だけで同様に処理します）。

耐水性の材質……　ガラス、プラスチック、ステンレス、鏡面仕上げの家具など
　　　　　　　　水分をはじく材質なので、それぞれに適した洗剤を使って汚れを落とします。

STEP3「汚れの落とし方」を見極める

　（1）の見極めで洗剤が決まり、（2）で汚れ落としの注意点が分かったら、最後は（1）と（2）をふまえた方法で、「汚れの落とし方」を見極めます。

　汚れの落とし方には、「掃く」「吸い取る」「払う」「磨く」「拭く」「洗う」「削り取る」「漬けおく」などの方法があります。

　（1）の「汚れの種類」と（2）の「材質」を見極めることで、おのずと汚れの落とし方とそのための道具が決まってきます。

〈「3つの見極め」の例〉

	場所	①汚れの種類と洗剤	②材質	③落とし方
例1	キッチンコンロ前の壁のベトベト汚れ	油汚れ→〈油取り用洗剤〉	タイル→〈耐水性〉	油取り用洗剤をラップで湿布
例2	リビングのスイッチまわりの壁の黒ずみ	手アカ→〈住居用洗剤〉	壁紙→〈吸水性〉※液体洗剤使用不可	消しゴムで手アカをこすり落す

7 掃除

2. 掃除の4大要素「洗剤」「水」「労力」「時間」

汚れ落としの4大要素を知る

　掃除に必要な要素は、大きく分けて「洗剤」「水」「労力」「時間」の4つ。この4つの要素の工夫による半減効果（右下図）をしっかり理解することで、掃除の時間が短くなり、労力も半減させることができます。

要素 1　**洗剤**……キッチンペーパーやラップなどで汚れた部分を「湿布」したり、洗剤液に「浸け置き」するなど、**放っておくだけ**で汚れを落とす方法を上手に活用。労力や時間の負担が減るだけでなく、汚れ落ちの効果が大きく効率のよい掃除法です。

要素 2　**水**………**水の代わりにお湯を使うことで**、汚れがゆるみやすく、より落ちやすくなります。また、乾きも早く、から拭きの手間がはぶけます。ただし、血液などタンパク質の汚れは熱で凝固してしまい、かえって落ちにくくなるので注意が必要です。

要素 3　**労力**……汚れの種類や場所に合った**適切な道具**を選ぶことで、労力の無駄使いがなくなります。たとえば、浴室の壁の水滴はタオルや雑巾で拭くより、窓掃除用のスクイージーで水切りした方が短時間で終わります。このように道具の選び方1つで掃除の負担が軽くなります。

要素 4　**時間**……料理と同じように、**掃除にも手順**があります。手順を間違えると、時間や労力が余計にかかってしまいます。

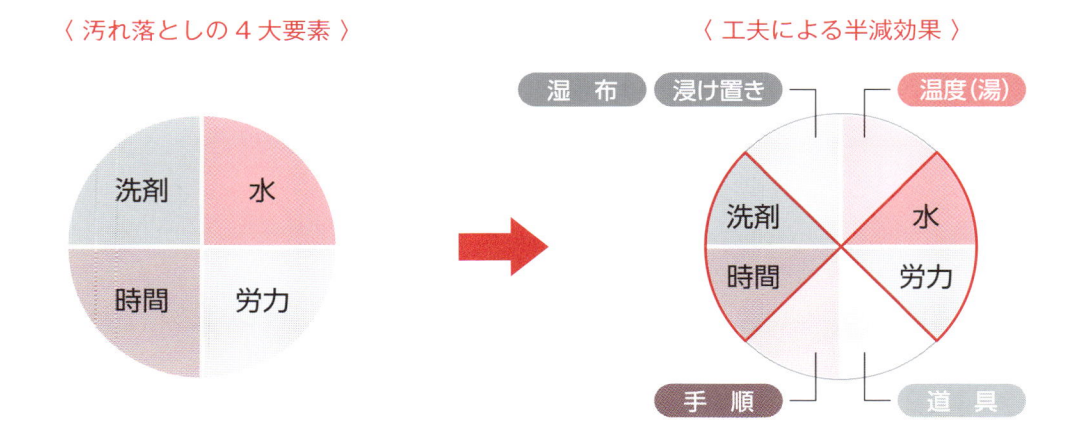

〈 汚れ落としの4大要素 〉　　　　　　　　　〈 工夫による半減効果 〉

　1～4の要素は、互いに関連し合っています。それぞれの要素を工夫することで、掃除にかかる負担を減らすことができます。たとえば、
　1 洗剤で浸け置きする→ 2 水（お湯）の量が減る→ 3 使う労力が減る→ 4 時間が短縮する
このような工夫で、悪循環とは逆の「好循環」が生まれ、掃除に対する苦手意識がなくなります。

洗剤

洗剤の上手な使い方

家の中のおもな汚れは、5つの洗剤で対処できる

　家の中の汚れは、キッチンの油汚れ、タバコのヤニ、手アカ、皮脂汚れ、ほこり、家具、床、ドア付近の汚れ、ガラスなど、ほとんどが「酸性」です。酸性の汚れを落とすには、アルカリ性の洗剤を使います。その中で以下の5つの洗剤をそろえておけば、家の中の汚れのほとんどを落とすことができます。

① 中性洗剤
　洗浄力がおだやかなので素材を傷めませんが、汚れによっては効果が弱いことがあります。そのため日常的な食器洗いや浴室、トイレの掃除など、おもに肌に触れる場所で使われることが多い洗剤。

② クリームクレンザー
　炭酸カルシウムの研磨剤を主成分とした、クリームタイプの弱アルカリ性洗剤ですが、素材の表面を傷つけにくいのが特長です。キッチンや浴室のこびりつき汚れやヌメリのほか、ほこりにまじって固まった汚れや頑固な手アカに有効。

③ 住居用洗剤（住宅・家具用洗剤）
　ドアや床、窓まわり、家具類など、家の中にある多種多様な素材のほとんどを傷めることなく使用できる弱アルカリ性の洗剤。

④ 台所用油取り用洗剤
　台所まわりのしつこい油汚れをアルカリ成分で強力に落とします。ただし、アルミ素材が変色したり、フッ素コートがはがれたりすることがあるため、使う前に目立たないところで試す必要がある。

⑤ 塩素系漂白剤
　漂白剤には「塩素系」「酸素系」「還元系」の3つのタイプがありますが、そのなかでも最も掃除で使うことが多いのが塩素系漂白剤です。アルカリの作用で水まわりのカビ取りや、汚れがしみついたところの漂白・除菌をする。

その他の知っていると便利な洗剤

　以上の5つの洗剤でほとんどの汚れを落とすことができますが、ほかに用意しておくと便利な洗剤が2つあります。

　　消毒用エタノール…　カビを処理したあとにエタノールで除菌すると、カビの再発防止になります。揮発性があり乾きが早いので、冷蔵庫や食器棚などのキッチンまわりや洗面所まわりなどいろいろな場所の掃除に役立つ。

酸性洗剤……………水アカや尿石、石けんカスなどのアルカリ性の汚れには、酸性の洗剤が適しています。酸性の洗剤は効果がすぐには出にくいので、トイレットペーパーやキッチンペーパーなどに洗剤を含ませて湿布し、汚れの程度によって一定時間放置しておく方法が有効。**ただし、塩素系漂白剤と混ざると有毒な塩素ガスが発生し、たいへん危険なので、取り扱いに注意すること。**

ノート　エコの観点から注目を集めている重曹（じゅうそう）やお酢も、その特性を知り、掃除に上手に活用しましょう。

重曹………………粒子が細かい重曹には、おだやかな研磨効果があり、湯のみの茶シブをすっきり落としたり、ステンレスなども傷つけることなく磨くことができます。また、弱アルカリの成分で家の中のほとんどの汚れに対応でき、消臭・脱臭・吸湿作用もあるので、カーペットや絨毯（じゅうたん）、冷蔵庫、靴箱などにも便利に使えます。

お酢………………お酢に含まれている酢酸の作用で水アカや便器の黄ばみ、鍋の焦げつきなどを溶かして落とします。また、抗菌・消臭作用でペットのにおい消しにも有効です。

使用上の注意点を守り、有効に使う

洗剤を使用するときは、次の3つのことを心掛けて使いましょう。

注意 1　洗剤は薄く ➡ 濃く

洗剤を使用するときは、最初は洗剤液を薄めて使い、汚れが落ちない場合には汚れの度合いに合わせて徐々に濃くしていくのが基本です。最初から濃い洗剤を使うと、洗剤自体を取り除くための、時間も水も労力も無駄に使うことになってしまいます。さらに素材を傷めたり手荒れを起こす原因となり、環境にもやさしくありません。

注意 2　塩素系漂白剤 ＋ 酸性洗剤 ➡ ✗（塩素系有毒ガス発生）

浴室のカビを取るために漂白剤を使うことがありますが、その際に、水アカ取りに使った酸性の洗剤が浴室内に残っていたり、一緒に使ったりすると、有毒な塩素ガスが発生します。命にかかわる危険があるので、洗剤の液性を事前に確認し、**まぜるな危険**を意識して、取り扱いには注意しましょう。

注意 3　洗剤の裏面の表示をしっかり確認する

洗剤の裏面にある「使用上の注意」には、液性の種類が表示されています。使い方を間違えないように、使う前に必ず確認しましょう。

📕 ノート

● 洗剤を購入したり、使用する前には洗剤のラベル表示の液性を確認します。

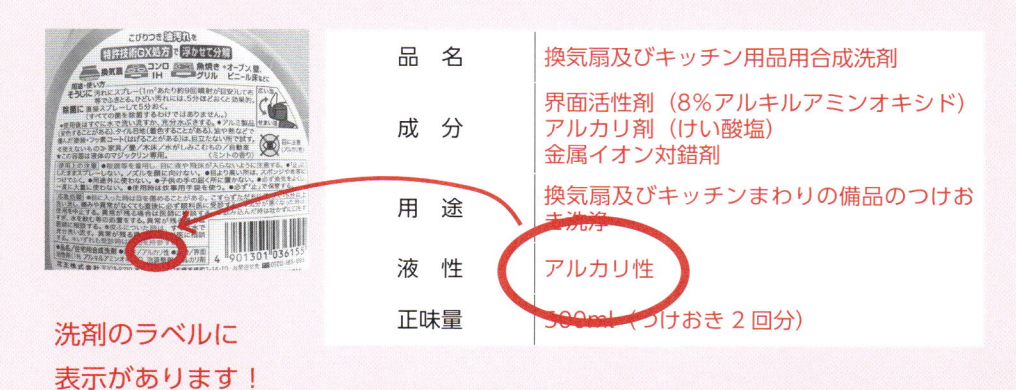

品　名	換気扇及びキッチン用品用合成洗剤
成　分	界面活性剤（8%アルキルアミンオキシド） アルカリ剤（けい酸塩） 金属イオン対錯剤
用　途	換気扇及びキッチンまわりの備品のつけおき洗浄
液　性	**アルカリ性**
正味量	500ml（つけおき2回分）

洗剤のラベルに表示があります！

● 酸性、アルカリ性の強さの度合いを表すのに、pH（ペーハー）と呼ばれる数値を使います。

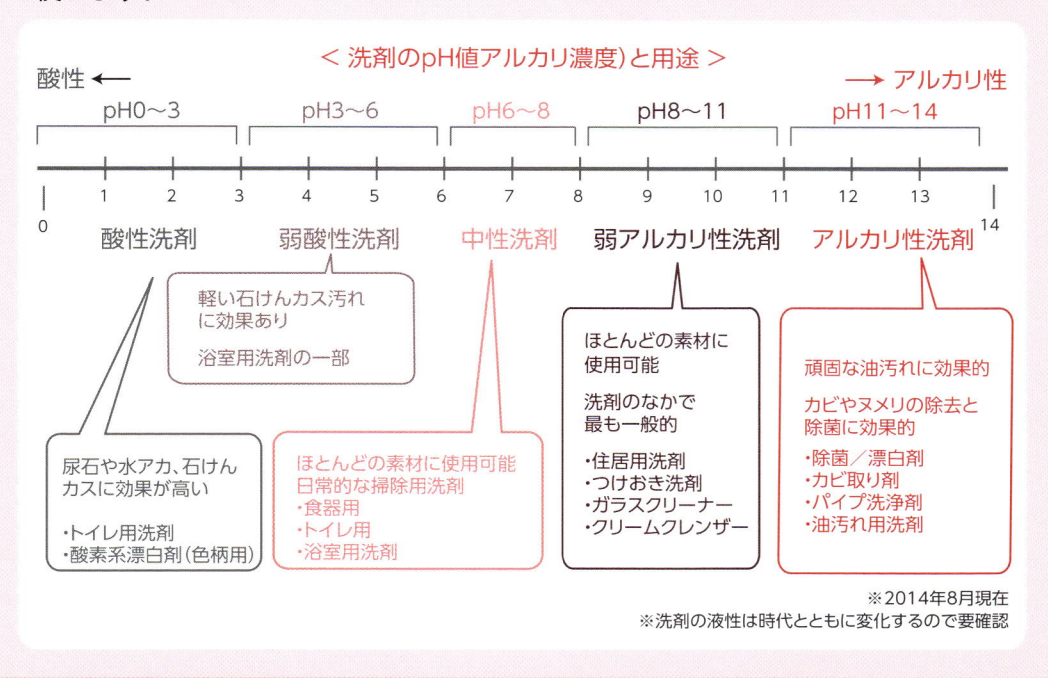

＜洗剤のpH値アルカリ濃度）と用途＞

酸性 ←　　　　　　　　　　　　　　　　　　→ アルカリ性

pH0〜3	pH3〜6	pH6〜8	pH8〜11	pH11〜14
酸性洗剤	弱酸性洗剤	中性洗剤	弱アルカリ性洗剤	アルカリ性洗剤

酸性洗剤
尿石や水アカ、石けんカスに効果が高い
・トイレ用洗剤
・酸素系漂白剤（色柄用）

弱酸性洗剤
軽い石けんカス汚れに効果あり
浴室用洗剤の一部

中性洗剤
ほとんどの素材に使用可能
日常的な掃除用洗剤
・食器用
・トイレ用
・浴室用洗剤

弱アルカリ性洗剤
ほとんどの素材に使用可能
洗剤のなかで最も一般的
・住居用洗剤
・つけおき洗剤
・ガラスクリーナー
・クリームクレンザー

アルカリ性洗剤
頑固な油汚れに効果的
カビやヌメリの除去と除菌に効果的
・除菌／漂白剤
・カビ取り剤
・パイプ洗浄剤
・油汚れ用洗剤

※2014年8月現在
※洗剤の液性は時代とともに変化するので要確認

7　掃除

水の上手な使い方

　掃除の際、水は非常に大きな役割を果たしてくれます。「水は最高の洗剤」ともいわれていて、水拭きやお湯拭きだけでかなりの汚れを落とすことができます。そのため、水の働きを知り、うまく活用して掃除の負担をできるだけ軽くするようにします。

掃除のときに役立つ水の働き

①汚れをゆるませる

　こびりついた汚れを、いきなりスポンジやブラシでこすったりするのではなく、汚れ全体に水をなじませてからの方が、汚れがゆるんで落ちやすくなり、家財も傷つけずにすむ。

②洗剤の洗浄力を存分に発揮させる

　洗剤の洗浄力を発揮させるには、水を上手に使うことが何よりも肝心です。洗剤の主成分は界面活性剤という物質で、

- 汚れと仲良くする成分の「**親油基**（しんゆき）」
- 水と仲良くする成分の「**親水基**（しんすいき）」

の両方を含んでいます。洗剤で汚れを落とすとき、まず「**親油基**」が汚れに吸着し、次に「**親水基**」が汚れを引き離し、水中に取り込みます。要するに、いくら洗剤を使っても水がなければ汚れを十分に引き離せない＝汚れを取り除けないということです。界面活性剤の働きを十分に引き出すことができるのも、水の力のなせる技といえる。

〈 界面活性剤が汚れを落とすしくみ 〉

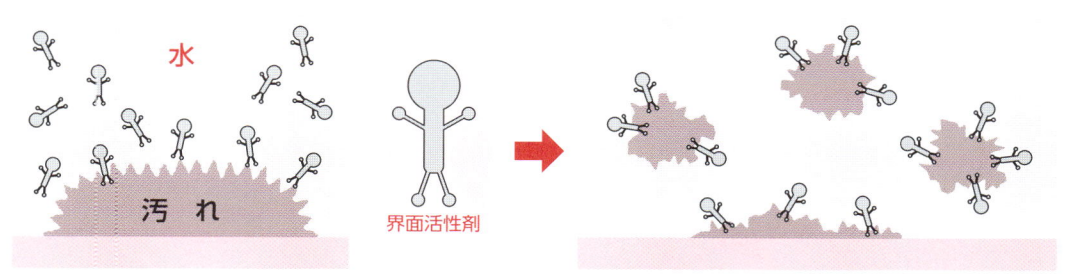

①界面活性剤の「親油基」（汚れと仲良くする成分）が汚れに吸着する

②界面活性剤の「親水基」（水と仲良くする成分）が汚れを引き離し水中に分散させる

☑ **チェック！**

- 洗剤の主成分は界面活性剤。洗浄力を存分に発揮できるのは、水の力があってこそ。
汚れを落とすには、洗剤だけではなく実は水の力が重要

労力

労力の減らし方

掃除の際に道具が果たす役割を知った上で、道具の正しい使い方を身につければ、掃除の労力を大幅にカットすることができます。

現代の生活スタイルに合った正しい「はたき」の使い方

昔から使われている「はたき」とは、竹の棒に布がついていて、布の部分でほこりをたたいて落とす道具です。昔は道路が舗装されていなかったことや、住宅の気密性が低かったことから、主なほこりといえば砂ぼこりでした。しかし、現在私たちがほこりと呼んでいるものは、ほとんどが綿ぼこりで、「はたき」で軽くはたくだけで舞い上がってしまい（落ちてくるのに時間がかかるため）、かえって逆効果になってしまうことがあります。そのため、化学繊維（ポリプロピレンやポリエステル）製の「はたき」で力を使わず表面をなでるように、ほこりを吸着させて掃除をすることが有効です。

〈 布のはたき 〉

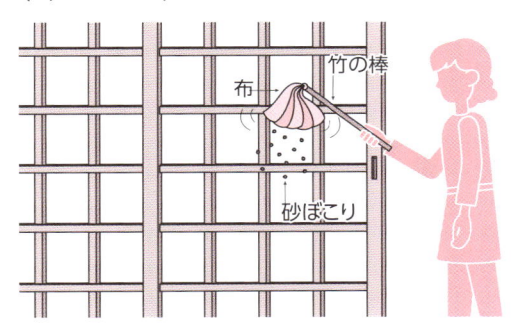

道路や宅地が整備されていない、砂ぼこりが多いところでは有効。気密性の高い住宅で使うとほこりを舞い上げてしまう

布のはたき

〈 化学繊維ばたき 〉

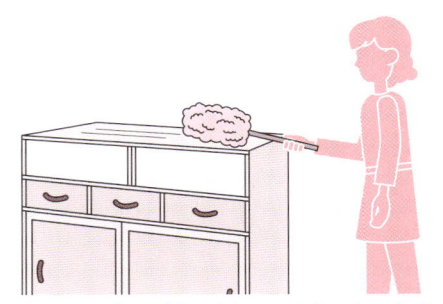

力を入れずに、優しくなでるようにして使う

化学繊維ばたき

このように、ほこりの性質によって道具を使い分けることで、無駄な労力をかなり軽減することができます。

☑ チェック！

気密性の高い現在の住宅の掃除では、ほこりを吸着する「化学繊維ばたき」が有効

基本的な掃除道具

汚れをそのままにしておくと、時間の経過とともにガンコな汚れとなり、落としにくくなってしまいます。気がついたときにさっと汚れを取るようにすれば、手間も時間もかからず、日常の掃除もラクになります。気がついたときに汚れを取り除くのに、以下の7つ道具が入った「お掃除救急箱」があれば、簡単に取り除くことができます。キッチンや洗面所、玄関など、汚れやすいところに1セットずつ置いておくと便利です。

■「お掃除救急箱」の7つ道具

① 割り箸
両端を30度程にカット。ヘラ状になった部分で汚れをこそげ落とす。両端の太さが違う割り箸は、場所に合わせて使い分けると便利に使える

② 竹串
フローリングの溝や引戸と敷居の間のほこりをかき出すのに便利。床を傷つけないよう先端を爪用のヤスリで少し丸めておく

③ 歯ブラシ
毛先が開いていたら開いている部分をよく切れるハサミでカット。汚れをブラッシングして落とす

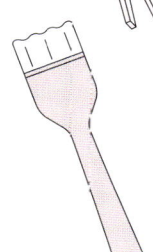

④ ソース用ハケ
障子の桟や幅木、飾り物などの細かい部分のほこり落としに。柔らかい物でも傷つける心配がない。ペンキ用のハケも有効

⑤ エタノールスプレー
エタノールは薬局で購入できる。スプレー式の小さめの容器（化粧品などの空きビンでよい）に少し入れておく。除菌や汚れ、臭い取りに活躍

⑥ 水スプレー
スプレー式の小さめの容器に水を入れておく。汚れに直接吹きかけたり、ボロ布にスプレーして簡易雑巾として使用

⑦ ボロ布
古くなったTシャツや下着など、柔らかい綿の布を150mm角程度にカットし、雑巾として使用

■ 「お掃除救急箱」のボックスのつくり方

①2ℓのペットボトルの底から100mmほどの部分をカッターで切る。
②手を傷つけないように、切り口をビニールテープや布粘着テープでおおう。取っ手と仕切りになるところに計6カ所キリで穴をあける。
③取っ手用の穴にひもを通し、仕切り用の穴に太めの丸ゴムを通す。

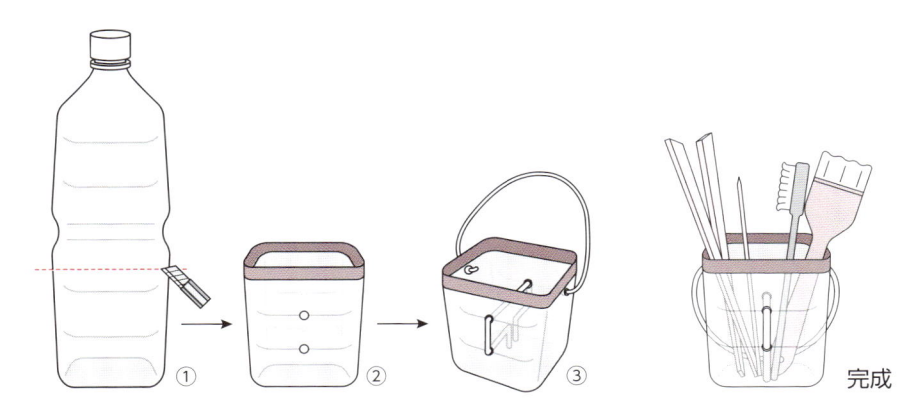

掃除機を活かす使い方

ポイント1「換気」

掃除中はもちろんのこと、室内に舞い上がったほこりが落ち着くまで、掃除後も十分な換気を心掛ける。

ポイント2「排気口の向き」

掃除機をかける場所のほこりを舞い上げないようにするため、排気口は掃除機をかける場所には向けないこと。

ポイント3「姿勢」

足は肩幅に開き、片足を軽く一歩前へ踏み出す。
背筋を伸ばし、身長の1/2を目安にT字ノズルを前に動かす。

ポイント4「吸引」

手を伸ばしすぎたり、引きすぎたりしないこと。
T字ノズルが床から浮き上がりやすくなり、
吸引力が低くなる原因になるため。

T字ノズル

ポイント5 「速度はワルツのリズム」

たたみ1枚分を約40〜50秒を目安に、ゆっくり目に沿って7〜8往復でかける。
ワルツなどの3拍子の曲をイメージしながら、ゆっくり掃除機をかけることできれいに仕上がり、肩や腰に力を入れることなくリラックスして掃除機かけができる。

〈 掃除機はワルツの流れでゆっくりかける 〉

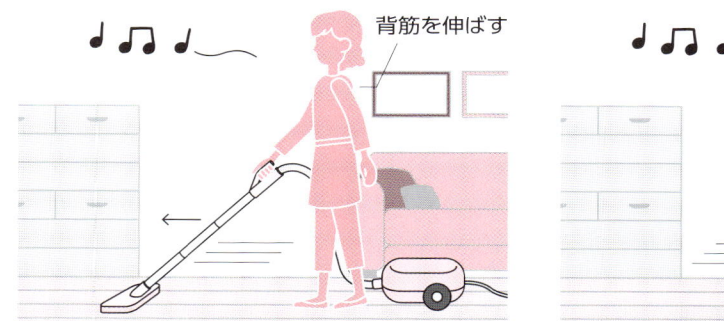

背筋を伸ばす

ポイント6 「T字ノズルの使い方」

T字ノズルは裏から見たとき、長方形の枠があり、左右のほこりが吸い込みにくいため、横移動しながら掃除機をかけるときは、1/3程度重ねかけをする。また、このとき一往復は同じ場所をかけること。

ポイント7 「幅木や壁」

T字ノズルを幅木や壁にぶつけないよう、手前で止め、細いノズルに換えて部屋のまわりのほこりを取り除くこと。また、ほこりが溜まりやすいたたみのヘリやフローリングのつなぎ目も細いノズルを利用すること。

ポイント8 「十字かけ」

カーペットやラグなどの敷物は掃除機で「十字がけ」をする。イラストのⒶの方向にかけたあと、Ⓑの方向にかけ、吸い込む方向を変えることで、繊維にからまったゴミをしっかり取り除く。

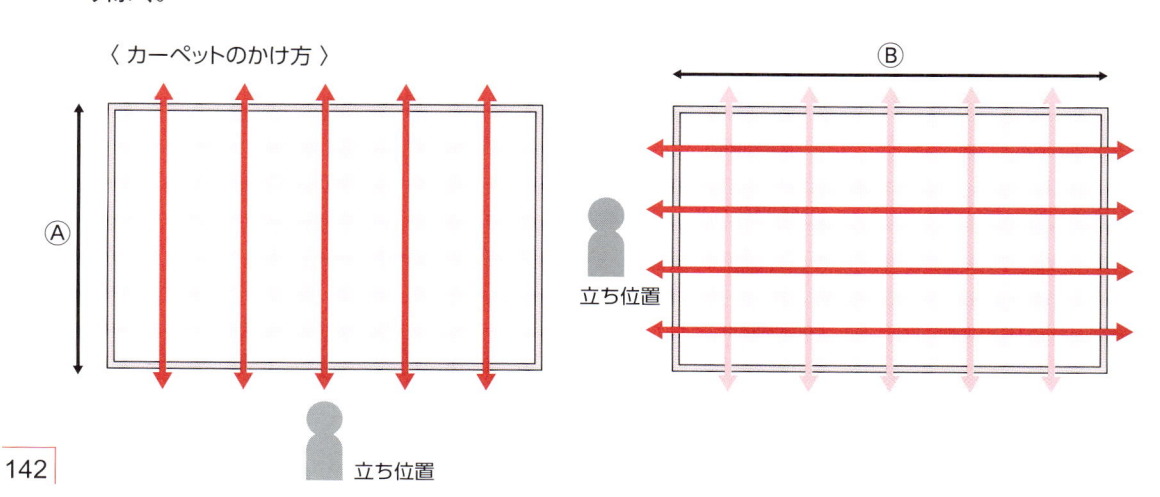

〈 カーペットのかけ方 〉

Ⓐ　　　　　　　　　　　　　Ⓑ

立ち位置

> 📝 **ノート** 　**床以外で掃除機がけが有効な場所**
>
> 床だけでなく、カーテンやソファー、籐系の家具や収納用品などに溜まりがちなほこりを掃除機のノズルなどを換えながら取り除きます。

掃除機につける手づくりノズル

①ストローノズル

窓のサッシやエアコンの送風口、トイレの換気扇やルーバーなどの細かい箇所のほこりや砂ぼこりを取り除くのに便利。1つひとつのストローの口が小さいため、吸引力が強くなります。

作り方
掃除機の細いノズルの口に合わせて、ストローを3～4本横に並べて細めに切った布粘着テープで仮どめし、ハサミでストローの先を斜めにカットする。ノズルに差し込み、空気がもれないように布粘着テープでしっかりとめる。

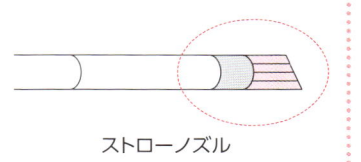

ストローノズル

②トイレットペーパーノズル

使い捨てできるので、玄関掃除に役立ちます。

作り方
トイレットペーパーの芯の片側にハサミで長さ30㎜～40㎜の切り込みを20㎜～30㎜間隔で入れ、もう片方は斜めにカットする。切り込みを入れた方を掃除機のノズルの口に差し込み、外から粘着テープで空気がもれないようにとめる。

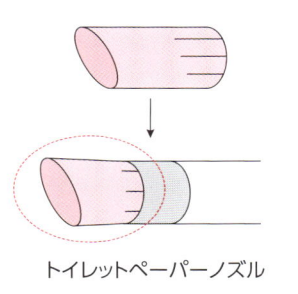

トイレットペーパーノズル

③ホースノズル

家具と家具、家具と壁のすき間など、掃除機のノズルが入らない狭いところにホースのみを差し込み、ほこりを吸い取ります。

作り方
すき間掃除をしたい場所の幅より500㎜ほど長めのホースを用意し、掃除機の口に差し込む。空気がもれないように布粘着テープでとめる。

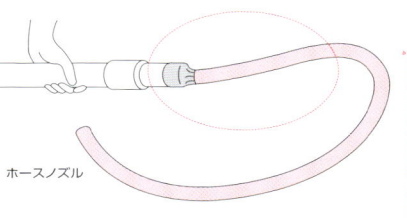

ホースノズル

☞ 掃除機用のノズルは別売りされていることが多く、市販品のノズルの中から使い勝手のいい物を選んでもよいでしょう。メーカーによりサイズが違うため、購入前に必ずチェックすること！

7 掃除

スポンジを活かす使い方

スポンジは磨くだけではなく、そのほかにも以下の4つの使い方があります。これらをうまく使いこなすことで「労力」「時間」の無駄が軽減されます。

■ スポンジを使うときのポイント

ポイント 1

スポンジにたっぷり水を含ませ、汚れに「水打ち」する道具として使う。

ポイント 2

洗剤を効率よく使うため、スポンジで汚れ全体にまんべんなく洗剤をなじませる。

ポイント 3

汚れをこすり落とす。

ポイント 4

しぼったスポンジで雑巾がわりに洗剤分や水分を吸収させる。

雑巾を活かす使い方

雑巾を使うときは、次の3つのポイントをおさえて実行すると、拭き掃除がスムーズに効率よく進みます。また、拭く場所や汚れの程度によって使い方を変えることで、さまざまな効果を発揮します。

ポイント 1

使い古したタオルから薄手のものを選び、縫わずに使う

➡ 割り箸をからめて細かいところまで汚れを拭き取ったり、洗車ブラシのブラシ部分に巻きつけ、大きな面を一気に拭くなど、いろいろな使い方ができます。

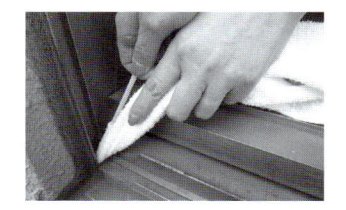

ポイント 2

タオルを4回折り返してたたみ、全部で16面になるようにして使う

➡ 1枚で16面が使えるので、洗う回数を減らすことができます。

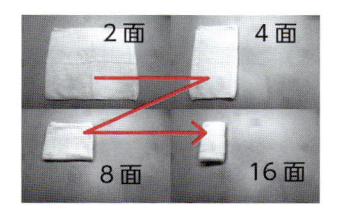

ポイント3

拭き掃除する場合、右利きの人は時計と反対回りに移動しながら拭く（左利きの人は時計回り）

➡ 拭きやすいだけでなく、拭きむらになりにくい。

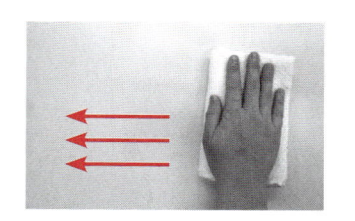

〈 雑巾の正しいしぼり方 〉

イラストは利き手が右の場合の例

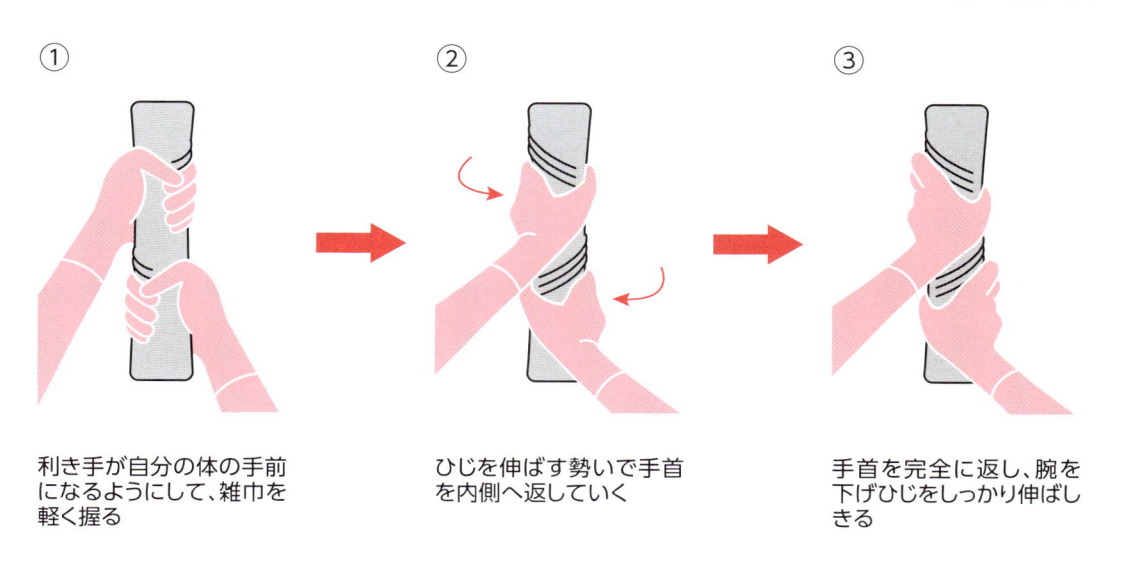

① → ② → ③

① 利き手が自分の体の手前になるようにして、雑巾を軽く握る

② ひじを伸ばす勢いで手首を内側へ返していく

③ 手首を完全に返し、腕を下げひじをしっかり伸ばしきる

横から見ると

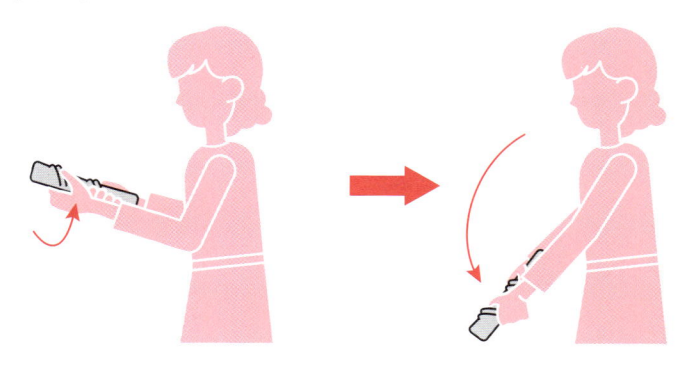

ひじを伸ばすことで手首が自然に返り、手首も痛めず少ない力でしっかりしぼることができる

7 掃除

拭き掃除の種類

「雑巾拭き」と一口に言っても、いろいろな方法があります。その時どきの掃除の状況に合わせて雑巾を使いこなすことで、労力や時間だけでなく仕上がりにも大きな違いが出ます。

① **水拭き**……汚れがあまりひどくないときや、洗剤拭きのあとの清め拭き※。

② **お湯拭き**……水拭きよりも、汚れをゆるめる効果があり、熱めのお湯を使うと、から拭きが不要になる。

③ **洗剤拭き**……水拭きやお湯拭きでは落ちない汚れのときの、洗剤液をつけた雑巾拭き。

④ **洗い拭き**……水が滴らない程度に軽く絞って拭く。水洗いに近い効果が得られる。

⑤ **から拭き**……乾いた雑巾でおもに、水分を取り除いたり、仕上げとして磨いたりする。とくに、カランやシンクなどはから拭きすることでステンレスが長持ちする。

⑥ **湿り拭き**……雑巾の3分の1ほどを濡らして絞り、濡れた部分を乾いた部分に挟んでパンパンと雑巾を上からたたき、湿りを行き渡らせてから拭く。たたみや壁紙など吸水性の素材の汚れを落とすとき、から拭きでは落ちないときに役立つ。

〈 湿り拭きの手順 〉

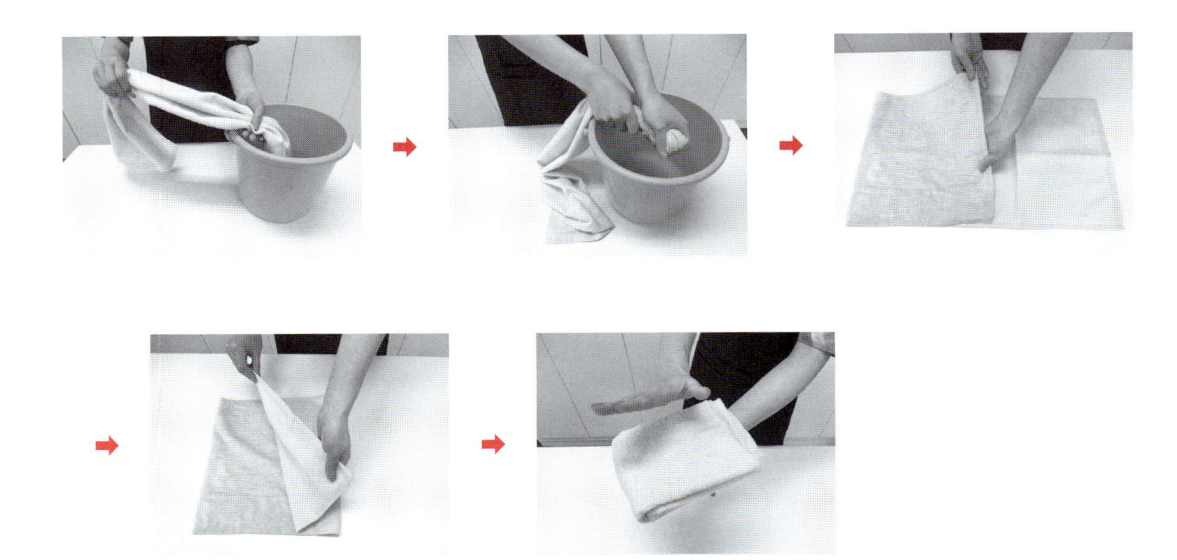

※〈清め拭き〉＝洗剤拭きのあとの仕上げとして水拭きすること

時間の減らし方

掃除にも料理の手順の「さ・し・す・せ・そ」(さとう、しお、す、しょうゆ、みそ)と同じように、これさえおさえておけばという「手順」があります。掃除中に限らず、準備の段階から手順を意識することが、無駄な時間の短縮につながります。

効率のよい掃除の手順

①掃除前の道具の準備(「お掃除救急箱」以外の掃除道具について)

● 道具類をひとまとめにする

いつも使う掃除道具一式を手付きのバケツやバスケットに入れ、持ち運びしやすいようにしておきます。掃除の途中で持ち忘れた物をそのつど取りに行く必要がなく、作業がスムーズに進む。

● 雑巾やボロ布は余裕をもって多めに用意しておく

雑巾1枚をそのつどゆすぎに行くと、その分時間をロスしてしまいます。2〜3枚準備しておけば拭き掃除がスムーズに進みます。場所によってボロ布と効率よく使い分け、雑巾は最後にまとめて洗うようにする。

● 掃除を始める前に部屋を片づけておく

とくに床置きしているゴミ箱や観葉植物、小さなテーブルやイスなど、動かせる物は1カ所にまとめるか、部屋の外へ出し、掃除機がけや拭き掃除がしやすいように準備する。

②無駄のない掃除手順

● 上から下へ
- 家単位……2階 ➡ 1階
- 部屋単位…天井 ➡ 床

ほこりは上から下へと落ちていくため、一軒家(2階建て以上)の場合は、上の階から掃除を始めた方が効果的。部屋や物の掃除についても、上から下への作業が基本になる。

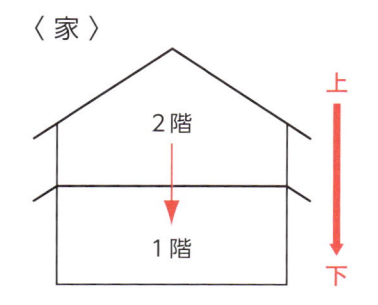

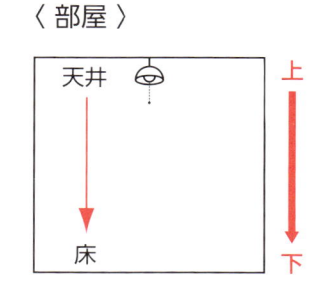

〈 家 〉　2階 → 1階(上→下)

〈 部屋 〉　天井 → 床(上→下)

● **奥から手前へ**
  ● 家単位……奥の部屋➡玄関（マンションの場合など、ベランダなど大きい開口部へ向かってもよい）
  ● 部屋単位…部屋の奥➡出入口

家の奥から玄関へ向かって掃除をするのが基本ですが、ベランダなどほこりやごみを掃き出せる大きな開口部に向かうような掃除手順でもかまいません。

また、部屋の場合も、奥から出口へと進む。

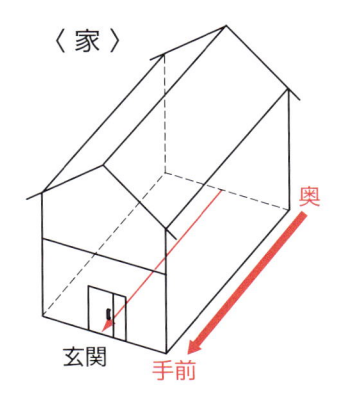

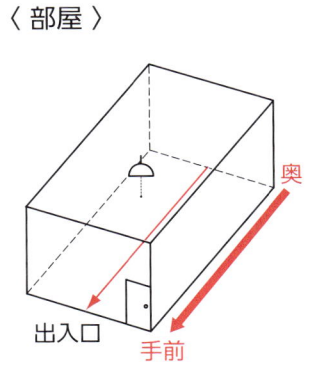

〈 家 〉　　　　　　　　〈 部屋 〉

玄関　手前　　　　　　　出入口　手前　奥

☑ **チェック！**

● 使う道具をあらかじめ用意し、ひとまとめにして持ち運べるようにする
● 雑巾やボロ布の枚数はよゆうをもって用意する
● 作業手順は、**上から下へ**、**奥から手前へ**が基本

7

掃除

8 住まい方アドバイザーについて

- 住まい方アドバイザーは、「快適な暮らし」を具現化する職業
- 「3つの間」の意識と知識で快適空間を実現
- 個人宅のアドバイスから企業の商品開発まで幅広く生かせるスキル

> 私たちは毎日、さまざまな「物」を使って生活しています。「物」は暮らしを豊かに、便利にしてくれます。しかし、「物」と上手に付き合えないと、日々の暮らしはストレスの多いものになります。人それぞれ必要な「物」も快適と感じる空間も異なります。住まい方アドバイザーは、生活者一人ひとりの気持ちに寄り添い、人々が求めている「快適な空間」を具現化するための知識と技術を併せ持つプロとしての職業です。

1.住まい方アドバイザーとは？

「住まい」とは、「家」のこと。家は、健康な身体や心をつくる基地となるところです。外で活動するための活力を与えてくれるところ、日々の暮らしの舞台となるところです。

家でここちよく、快適に過ごすことができなければ、生き生きと活動することはできません。充実した人生を送るために、家の中が快適であることは大切な要素です。

「快適な空間」の1つに、「物」と上手に付き合うことがあげられます。

私たちが暮らしていく上で「物」は欠かすことができません。それは、家具であったり、道具であったり、食べ物であったり、読み物であったり、服であったりします。実に多くの「物」によって、私たちの暮らしは成り立っています。自分が使うだけでなく、貸し借りなど人との関係も「物」を媒介にして成り立っていることも少なくありません。

これらの「物」が必要なとき、すぐ取り出せなければ、作業（家事）効率も落ち、日々イライラとした気持ちで過ごさなければなりません。

「片づける」とは、不要な物を処分し、必要な物を使うところに収納し、スムーズに作業しやすい動線を考え、リラックスして過ごせるように家具の配置なども考えることです。

それには、生活者がどのような暮らしを望んでいるのか、しっかり理解することがなによりも大切なことになります。

物を思い切って処分したし、収納スペースもつくったのに、なぜか暮らしづらい……それは、片づけの基本的な知識がないままに間取りを考えたり、生活用品の置き場を設けたりすることが、大きな原因です。限られた空間をどのように活用し、どのように物を収めればいいのか、さらにライフスタイルの変化まで考えてこそ、よりよい住まい方を実現することができ

ます。

　住まい方アドバイザーは、生活者の「困った」をくみ取り、快適な空間を創造するのが仕事です。たんに収納スペースを「つくる」のではなく、生活者の気持ちに寄り添い、快適な空間を生み出すよう、心がけましょう。

　「持ち物」と「空間」と「人」との関係をうまく融合させ、生活者が時間を有効に使えるようにする……それが住まい方アドバイザーの仕事です。

　建築家、インテリアコーディネーター、住設機器のプランナーなど、住まいにかかわる職業はいろいろあります。また家事や介護その他、初めて暮らしにかかわる仕事を目指す人はもちろん、すでに暮らしにかかわる仕事についている人も、住まい方アドバイザーの知識と技術を身につけることで、これまで以上に、生活者が満足できる仕事ができるようになることでしょう。

　どのような暮らしが快適なのかは十人十色。生活者が求めている「快適な暮らし」へと導いていく道先案内人となることが、住まい方アドバイザーの仕事なのです。

2.住まい方アドバイザーに求められる知識と技術とは？

　生活者の多くは現状に目を奪われ、自分が望む生活に無自覚になりがちです。そのため表面的に片づけただけでは、生活者の気持ちにそったものにならず、それがリバウンドの大きな原因になります。

　本人がぼんやりと思い描いている「快適な暮らし」を明確に意識してもらうことによって、「いる」「いらない」の選別も、「快適な暮らし」を実現するために必要なのか、不要なのか考えることができるようになります。そうすることで「片づけ」はたんなる「片づけ」ではなく、生活者の「快適な暮らしづくり」になるのです。

　具体的な内容としては次の2つがあります。

①空間の片づけとストレスなく物と付き合える収納提案
②「3つの間」をもとにした間取り提案

　住まい方アドバイザーにとって、片づいた住空間をつくりあげる技術は欠かすことができませんが、それと同様に、むしろそれ以上に必要とされるのが、生活者が困っていること、生活者が望んでいる「快適な暮らし」はどのようなものなのか、「聞きとる力」です。

　また生活者に対する提案内容についての的確な「説明する力」も、とても大事なことになります。なぜここにこのような住空間の提案をしたのか、生活者が納得すれば、リバウンドすることなく、使いやすさを維持することが無理なくできるようになります。

　これらを実現するために本書ではさまざまな暮らしに関する知識と技術を伝えています。

付録　図面作成の予備知識

　図面は、自分の提案内容を客観的に検討するためのツールでもあり、作業の遂行状況をチェックする大切な役割も持っています。また住まい方アドバイザーとして、依頼者にプレゼンテーションするツールでもあります。

三角スケール

　多くの建築図面は、現尺（原寸）ではなく、実物より縮めて書かれているので、図面から寸法を読み取るときは、三角スケールを使用します。三角スケールは、おおよそ三角柱からなる定規です。6種類の異なった縮尺の寸法を測ることができ、該当する図面の縮尺に合わせて、使用面を選びます。建築図面では、住居（1軒分）の平面図は縮尺1/100と1/50が多く使われています。一室や収納部分などの限られた空間を書くときは、1/30程度の縮尺を使います。寸法はミリ単位で表記します。

■ 実際に縮尺の違いを確認してみる

　建築物や家具などは実物大（1/1）では紙の上に書ききれないので、同じ紙面上では一定の比率に縮めて表わします。右の絵の家具を1/30、1/50で正面図、平面図で表わしてみました。実際に三角スケールをあてて、確認してみましょう。（印刷の関係で寸法に多少のズレが生じることがあります）

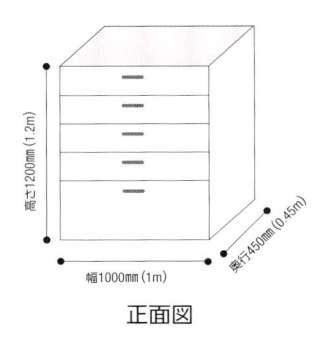

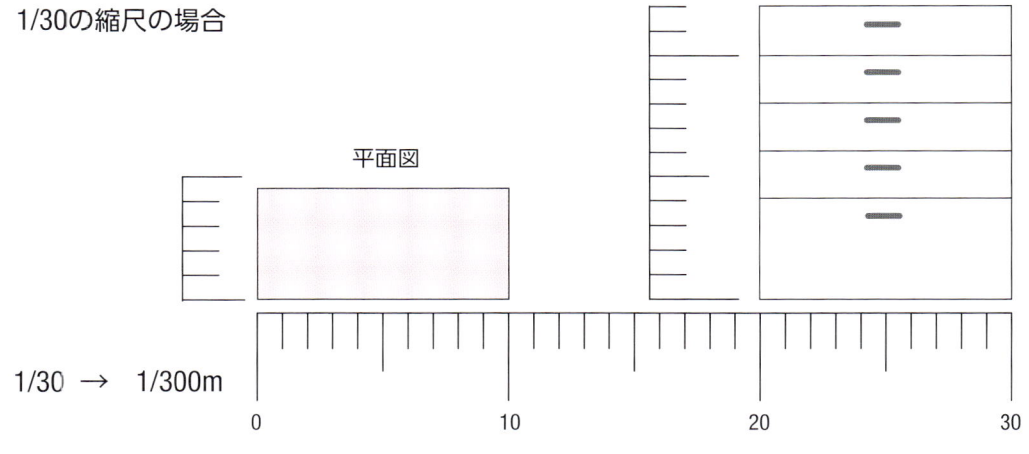

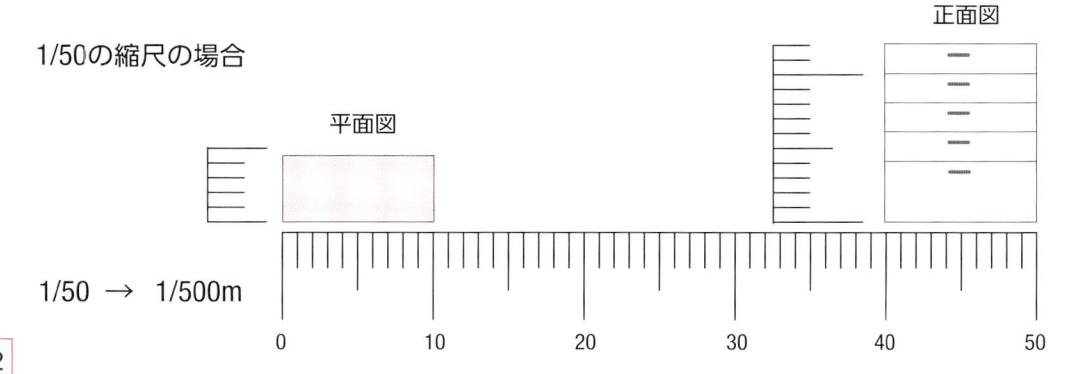

高さ1200mm（1.2m）
幅1000mm（1m）
奥行450mm（0.45m）

1/30の縮尺の場合

平面図　正面図

1/30　→　1/300m

0　　10　　20　　30

1/50の縮尺の場合

平面図　正面図

1/50　→　1/500m

0　　10　　20　　30　　40　　50

線記号の種類

三角スケール

図面を作成するときは、線の太さや種類を組み合わせて使います。
おもに使うのは「実線」「鎖線」「一点鎖線」「二点鎖線」の4つの線です。

実線　連続した切れ目のない線。太い線と細い線がある。
鎖線　一定間隔ですき間をつくった線。破線、ミシン目とも呼ばれる。
一点鎖線　長い線と短い線が交互に繰り返される線。
二点鎖線　長い線と2本の短い線が交互に繰り返される線。

■ 線の使い分け

用途名	線種		太さ	内容
外形線	実線	────	太い	対象物の見える部分の形状を表す線
寸法線	実線	────	細い	寸法を記入するための線 この線に平行に寸法を記入する 両端に矢印をつけることもある
寸法補助線	実線	────	細い	寸法を記入するために、対象物から引き出して寸法線の位置を特定するための線
引出し線	実線	────	細い	名称、説明、記号などを記入するために該当箇所から引き出される線。寸法線として用いることもある
かくれ線	鎖線	------	細い	対象物の見えない部分の形状を表す線
破断線	不規則な波状の線	～～～	細い	全長を書く必要がない場合や、書くことが不可能な場合に、対象物の中間部を省略（切断）し、その境界部に用いる
切断線	一点鎖線	─・─・─	細い	断面図の断面位置を表す線
中心線	一点鎖線	─・─・─	細い	壁や柱、設備機器などの対象物の中心を表す線
想像線	二点鎖線	─・・─・・─	細い	実際にはないが便宜上必要な形状を示すのに用いられる線
ハッチング	規則的な斜め線	/////	細い	断面図の断面部を表示するときに用いる線

図面作成のルール

採寸した数値を元に、提案図面を作成します。

■ 図面作成の際に記載する内容
①提案場所
②図面の種類（平面図・展開図）
③提案者　（会社名、提案者名）
④日付
⑤縮尺

展開図を作成する場合、必ず「天井高」を記入すること。また、依頼者から図面を見せてもらうときには、「縮尺と天井高」を確認すること。

図面例（平面図）

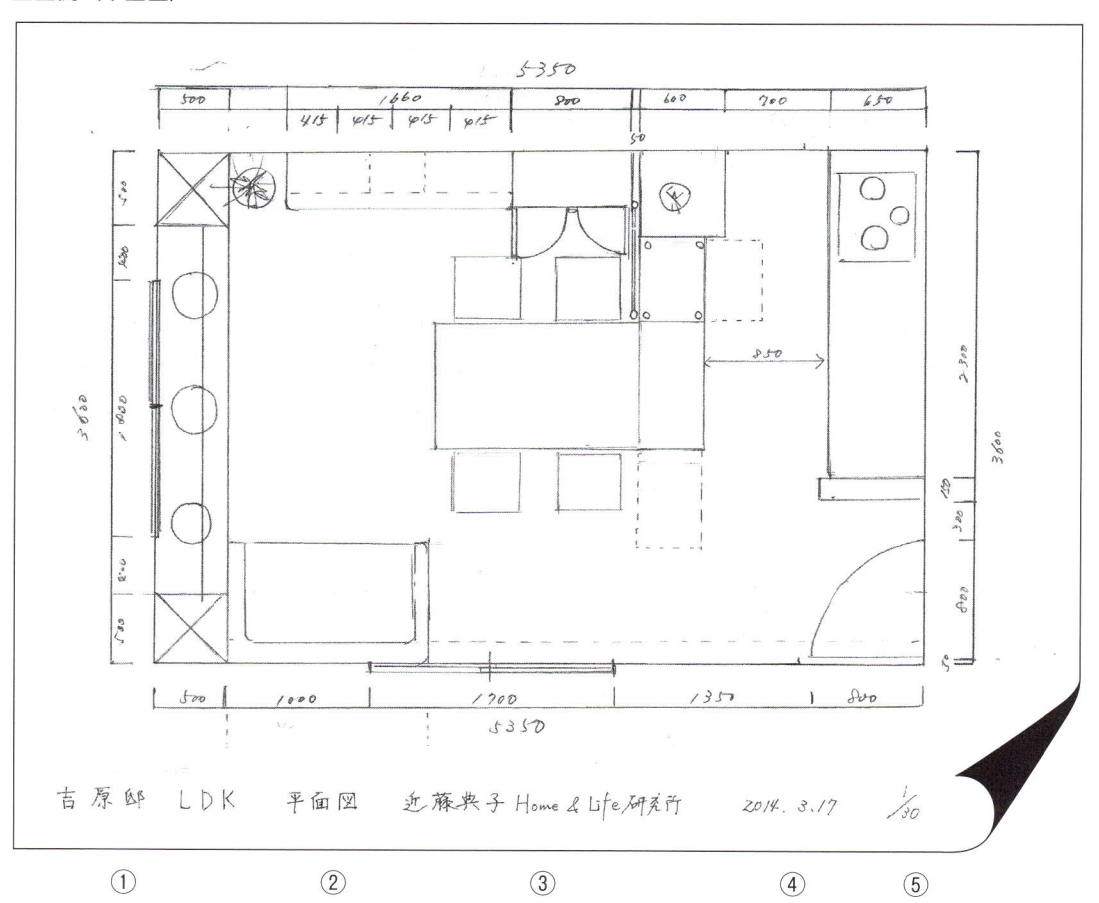

図面例（展開図）

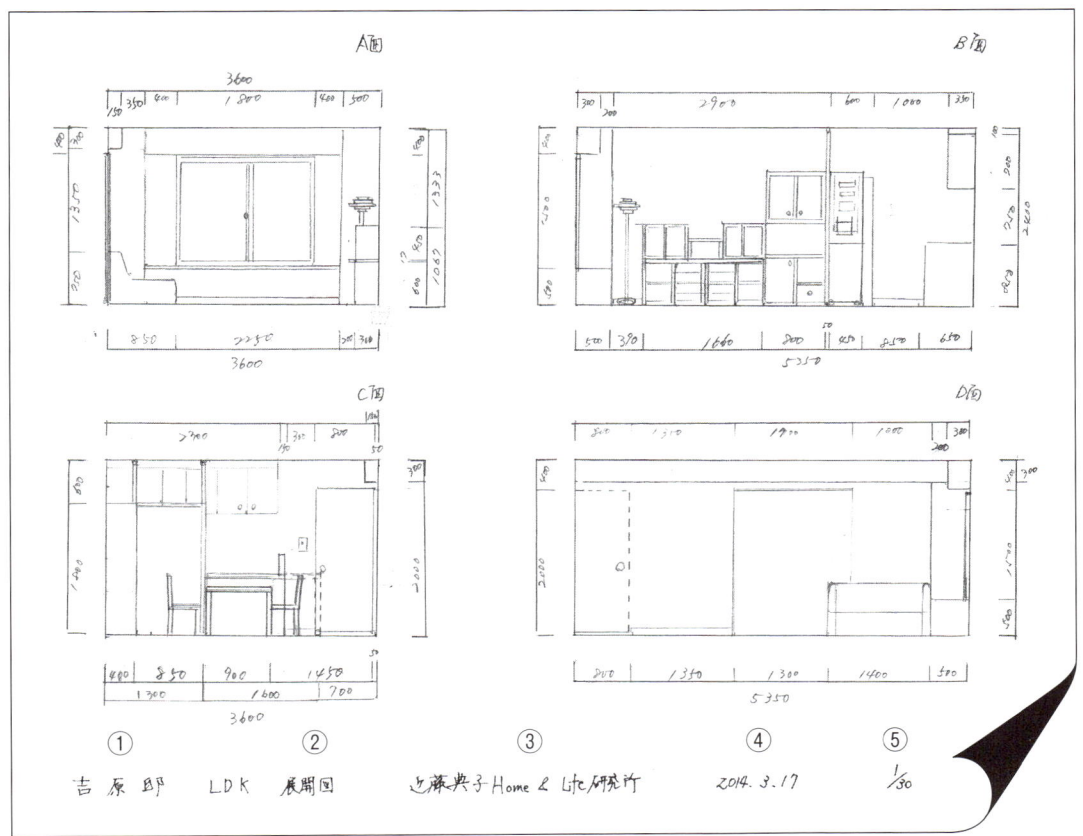

■ 配置の目安

〈方位が分かるとき〉……北側の壁をA面とし
時計回りにA面→B面→C面→D面にする。

〈方位が分からないとき〉……部屋の向きにか
かわらず部屋の入口を背にして正面の壁から
時計回りにA面→B面→C面→D面にする。

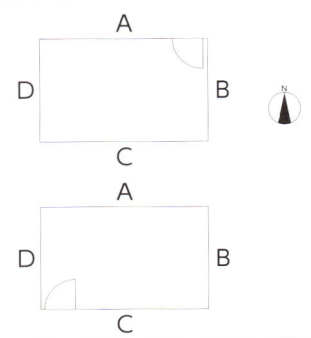

☑ チェック！

- 部屋の正確な大きさを把握するために次の2カ所の誤差をチェックしましょう。
  （1）各壁面の長さ＝ドア＋造作収納＋窓＋残りの壁面の幅の合計
  （2）天井高＝建具＋建具枠（または造作収納）＋残りの壁面の高さの合計
  誤差が5mm程度であれば小さい寸法を優先し、10mmを越えた場合は測り直して、どこに測り間違いがあるか確認すること。
- 室内に収納家具や生活用品が置かれていると、コンセントや窓の位置など確認できないときは、整理作業の際に忘れずに採寸をすること。また、突っ張り系の収納用品を使うときのことも想定し、天井の強度も確認しておきましょう。

第1巻&第2巻共通索引 （①は第1巻の頁数、②は第2巻の頁数を示します）

あ

- 空き箱 ······ ①25、26、63／②22、56、85
- アクセントカラー ······ ①103
- 脚物家具 ······ ①57
- 洗い拭き ······ ①146
- アルカリ性の洗剤 ······ ①135
- アングル ······ ①67／②23
- 一連動線 ······ ①10〜12／②40
- H型仕切り ······ ①126
- ウォールキャビネット ······ ②8
- 液性 ······ ①136、137
- SKシンク ······ ②140、152、153、155
- L字型収納 ······ ①47
- 塩素系漂白剤 ······ ①135、136
- 置き家具 ······ ①54、56、57
- 押入れ使い ······ ①47
- お酢 ······ ①136
- お掃除救急箱 ······ ①132、140、141、147／②137
- お湯拭き ······ ①138、146

か

- 害虫 ······ ①128
- 化学繊維 ······ ①127、139
- 化学繊維ばたき ······ ①139
- 家具金物 ······ ①66
- 隠す収納 ······ ①32、33、43
- 家具の固定方法 ······ ①71
- 掛ける ······ ①31、39、47、65、67、104、110、114、118、119、130／②139
- 家事行為の動作空間 ······ ①87
- 家事動線 ······ ①10、13、80／②34、37、98
- 片づけ動線 ······ ①10／②66、67
- カビが発生する3大要素 ······ ②121
- カラーボックス ······ ①52、60／②63、72〜75、86
- から拭き ······ ①134、146
- キッチンカウンター ······ ②12、41、46、63、69、72-75、111、113
- 基本動作寸法 ······ ①84
- キャスター ······ ①45、49、50、58〜62、65、66、70／②22、43、47、51、73、86、155
- 給仕動線 ······ ②66、67
- 吸水性 ······ ①132、133、146
- 金属製パイプ ······ ①67
- くつろぎ動線 ······ ②66、67
- くつろぐ行為の動作空間 ······ ①92／②95
- 暮らしのメタボ ······ ①20
- クリアケース ······ ①64
- クリームクレンザー ······ ①135、137
- クローゼット使い ······ ①47、51
- 結束バンド ······ ①63、65、66／②17、22、23、85、129
- コーディネート ······ ①96、101〜103、108
- コーナー使い ······ ①49
- コーナー物入れ ······ ①49
- 子どもの遊び動線 ······ ②97
- コの字ラック ······ ②18、31、129
- ゴミ出し動線 ······ ②40

- 混紡繊維 ······ ①127

さ

- 最小動作空間 ······ ①85、87、94／②38、39、61、65、96、134
- 差尺 ······ ①83、91／②57
- 座卓 ······ ①91／②57、65、93、96、155
- 座の動作空間 ······ ①90
- サブカラー ······ ①103
- 三角スケール ······ ①152、153／②148、149
- 三種の神器 ······ ②10、42
- 酸性洗剤 ······ ①136、137
- 350の法則 ······ ①51
- 自在棚受けレール ······ ①68
- システム収納用品 ······ ①58〜60
- システム収納用品 スチール棚 ······ ①59
- システム収納用品 突っ張り型 ······ ①59
- システム収納用品 木製 ······ ①58
- 死蔵品化 ······ ①20、27
- しながら動線 ······ ①10、11／②40、97、99
- 湿り拭き ······ ①146
- 住居用洗剤 ······ ①133、135、137
- 重曹 ······ ①136
- 集中収納 ······ ①30
- 集中整頓 ······ ①40
- 12分割チェック法 ······ ①27、41
- 収納家具 ······ ①8、21、26、30、35、38、43、54〜58、65、66、74、89、96、98、155／②64、111、139、151
- 収納計画 ······ ①35、40、96、98／②52
- 収納系家具 ······ ①57
- 収納形態 ······ ①30
- 収納ケース ······ ①31、34、62／②16
- 収納システム ······ ①42、46、47、54、67
- 収納条件 ······ ①30、42、46
- 収納スタイル（見せる・隠す収納） ······ ①32、43
- 収納道具 ······ ①16、21、31、32、35、42、43、54、58、62、63、65、82、100、111、126／②15、29、47、75、84、86
- 収納部材 ······ ①21、43、54、65／②22
- 収納用品 ······ ①21、33、38、39、42、54、58〜62、65、66、119、126、129、143、155／②124、126、131、133、151
- 準人体系家具 ······ ①57
- 消毒用エタノール ······ ①135
- 消耗品 ······ ①19、28
- 植物性繊維 ······ ①127
- 除湿剤 ······ ①131
- 書類ケース ······ ①43、63／②18、22、25、79、84、85
- 書類立て ······ ①63、74／②17、18、22、29、47、78、79、82〜85
- 親水基 ······ ①138
- 人体系家具 ······ ①57
- 人体寸法（ヒューマンスケール） ······ ①80、81
- 人体寸法の高さによる収納スペースの関係 ······ ①29、89
- 親油基 ······ ①138
- 垂直面 ······ ①102、103

索引

水平面	①102、103
姿見	②121、139、142
ストック動線	②41
ストレートライン	①32、98／②155
ストローノズル	①143
住まい方アドバイザー	①16、17、69、96、103、150～152／②39、57、65、96、134、146～148、152
住まいごこち	①7
スライドレール	①59、67、68／②32
生活動線	①7、10、13、80／②34、37、98
整頓	①18、22、40、41
整理	①18、20、22～24、29、40、41、98、110～112／②9、14、46、55、78～80、82、88
整理作業	①24、28、110、111、155／②14、56、79、123、151
前後棚収納	①47
洗剤拭き	①146
洗濯機ラック	②43、124、132
洗濯ネット	①64、122／②121、125、131、132
掃除の4大要素	①134
雑巾の正しいしぼり方	①145
雑巾を活かす使い方	①144
造作（造り付け）家具	①56
そのつど整頓	①40
そろえる5つの要素	①32、55、101／②46、89、138

た
耐久・待機品	①19
耐水性	①132、133
台所用油取り用洗剤	①135
ダイニングセット	①84、97／②57、110、112、113
タオルハンガー	①31、64／②18、47、130、132、136、137
たたみ方三原則	①119
たたみ下収納	①9
棚柱	①45～いかく47、68
棚柱用ブラケット	①68
チャンネル	①67
中性洗剤	①135、137
通行スペースの動作空間	①85
突っ張り三角コーナー	②133
突っ張り棚	②131
突っ張りネット	②117、131、133、142
突っ張り棒	①62、64／②129、131、136
集い動線	②97、98
ＤＫ動線	②97、99
ディスプレイ	①104／②28
出入口の通行スペースの寸法	①86
適所・適材・適量	①7、8、98
展開図	①38、154、155／②150、151
ドアフック	②132、135
トイレットペーパーノズル	①143
動作空間	①80、81、85、87～90、92、94／②38、39、61、64、65、95、96、134
動作寸法	①80、81、84／②38、39、65、95、96、134
動物性繊維	①127
特有動線	①10～12

な
2面使い	①50
寝起きするために必要な動作空間	①94

は
配膳動線	②66、67
パイプ用ソケット	①67
箱物家具	①57
8の字動線	①13
ハンガー	①31、59、64、114～119、130／②18、47、80、124、125、130～132、135～137
パントリー	②21、36、37、41、155
半間使い	①46
引出しケース	①34、61
避難経路	①78、79
ファミリー玄関	①8、9、12、13／②35、141
フォーカルポイント	②105、107、155
フック	①31、43、59、65／②17、21、23、129、130、132、135～137、142
ブックエンド	①39、63、64、126／②17、22、23、102
ブラケット	①68
プラスチック製のくさり	①65
フロアキャビネット	②8
分散収納	①30
平面図	①37、38、44、46、152、154／②52、53、126、148、150
ベースカラー	①103
防虫剤	①34、118、128-131
ホースノズル	①143

ま
間仕切り用のパーテーション	②69
見える化	①33
身じたく行為の動作空間	①88
水拭き	①138、146
見せる収納	①32、43
3つの間	①6、7、17、150、151／②106、110、111、146、147、153
メッシュカゴ	①62、63／②17、18、21
面ファスナー	①43、66、76、122、126／②22、128
木製家具用連結金具	①71
木製すのこ	①64
物の出し入れのための動作空間	①89／②64
物の出し入れをするときの動作空間	②96

や
焼き網	②130
山型仕切り	①126
ユーティリティー	①8、12、13／②27、35、98、120、140～145、155
ユニット家具	①56
洋服カバー	①117、118、129
汚れ落としの4大要素	①134

ら
来客動線	①10／②97、99
ライブラリー	②107
ラウンド動線	①13／②41、98、99、106、107、155

リサイクル……①16、17、26、28／②15、56、79、82
リデュース……………………………………①16
リニューアル…………………………………①17
リバウンド………………………①151／②147
リビングダイニングセット……………②57、113
リビングクローク………………②98、99、106、107
リユース………………………………………①16
両面使い………………①52、53／②131、155
レイアウト………………………………①6、
　7、21、55、89、96、98、103／②12、64、108、110
ロールカーテン……………………………②69、136

わ

ワークトライアングル……………②6、9-11、42-45
ワイヤーネット……①43、62、64／②23、129、131

[写真提供、資料協力一覧]
アイリスオーヤマ株式会社／0120-211-299
石友ホーム株式会社／0766-84-6110
石友リフォームサービス株式会社／0120-64-4400
公益法人インテリア産業協会
株式会社キュービックハウス／03-3565-3765
コクヨファニチャー株式会社／0120-201-594
株式会社JR東日本リテールネット
スガツネ工業株式会社／03-3864-1122
大和ハウス工業株式会社／0120-590-956
天馬株式会社／0120-912-922
東京消防庁
東京都総務局総合防災部防災管理課
株式会社ドウシシャ／http://www.doshisha.co.jp
平安伸銅工業株式会社／06-6228-8985
有限会社渡辺ウッドライフ／03-3771-2801
株式会社近藤典子Home&Life研究所

株式会社 KADOKAWA
　『近藤典子の収納の基本&DIYブック』（撮影・吉田篤史）
　『近藤典子が建てた家』（撮影・吉田篤史）
　『レタスクラブ』（撮影・飯貝拓司）
株式会社講談社
　『近藤典子が考えた「片づく家」のつくり方』（撮影・各務あゆみ）
東京書籍株式会社
　『新しい家庭5・6』（撮影・ピースローブ　鈴木隆志）

[図版作成]
稲森直嗣（有限会社モゲラ）
さくら工芸社
越海編集デザイン
株式会社近藤典子Home&Life研究所

Ⓚは、著者と企業とのコラボレーションを表しています

近藤典子（こんどう・のりこ）
住まい方アドバイザー

これまで2000軒以上のお宅の暮らしの悩みを解決し、その経験から生み出された収納や家事動線、掃除術など近藤流の分かりやすい暮らし提案が好評。テレビやラジオ、雑誌等のメディアや講演会での活動の他、企業との商品開発やコンサルティング、間取り監修など幅広い分野で活躍。2013年には、近藤典子が考えた暮らし提案型の家をハウスメーカーが形にし、空間の考え方に対してグッドデザイン賞も受賞。
2011年度より小学校、2013年度より高等学校の家庭科用教科書（共に東京書籍）に登場。
「近藤典子の暮らしアカデミー」校長として後進の育成にも力を入れている。
「住まい方アドバイザー養成コース」を開講予定。
近年は韓国、中国でも住まいのプロデュースをてがけている。
著書はこれまで39冊以上を出版し、発行累計部数は400万部を超えている。
『近藤典子が考えた「片づく家」のつくり方』をはじめ、著書の一部は翻訳され、海外でも発売されている。

「住まい方アドバイザー」についての問い合わせ
株式会社近藤典子Home&Life研究所
tel : 03-3267-0533
オフィシャルホームページ : http://www.hli.jp/

暮らしを整える
住まい方ハンドブック　1　片づけ・収納編

2014年9月9日　第1刷発行

著者	近藤典子（こんどうのりこ）
発行者	川畑慈範
発行所	東京書籍株式会社
	東京都北区堀船2-17-1　〒114-8524
	電話　03-5390-7531（営業）／03-5390-7455（編集）
	http://www.tokyo-shoseki.co.jp/
印刷・製本	図書印刷株式会社

Copyright ©2014 by Noriko Kondo
All rights reserved. Printed in Japan

編集協力	中川いづみ、柴田奈々（越海編集デザイン）
DTP	越海辰夫（越海編集デザイン）
ブックデザイン	榊原蓉子（東京書籍AD）

ISBN978-4-487-80481-8　C0077

乱丁・落丁の際はお取り替えさせていただきます。
定価はカバーに表示してあります。
本書の内容の無断使用はかたくお断りいたします。